JN084441

# 特長と使い方

JN084440

## ～本書を活用した大学入試対策～

□ **志望校を決める（調べる・考える）**

入試日程、受験科目、出題範囲、レベルなどが決まるので、やるべきことが見えやすくなります。

□ **「合格」までのスケジュールを決める**

**基礎固め・苦手克服期** … **受験勉強スタート～入試の６か月前頃**

・選択式・記述式など、さまざまな出題形式に慣れていきましょう。

・古典文法では、よく問われる動詞、助動詞・助詞、敬語表現などを中心に、それぞれの特徴をおさえていくようにしましょう。特に助動詞・助詞では意味や働きなどが重要になってくるとともに、判別が求められることも多いため、１つずつ丁寧に学習していくようにしましょう。

**応用力養成期** … **入試の６か月前～３か月前頃**

・身につけた基礎を土台にして、入試レベルの問題に対応できる応用力を養成します。

・志望校の過去問を確認して、出題傾向、解答の形式などを把握しておきましょう。

・模試を積極的に活用しましょう。模試で課題などが見つかったら、『**大学入試 ステップアップ 古典文法【標準】**』で復習して、確実に解けるようにしておきましょう。

**実戦力養成期** … **入試の３か月前頃～入試直前**

・時間配分や解答の形式を踏まえ、できるだけ本番に近い状態で過去問に取り組みましょう。

□ **志望校合格！！**

## 古典文法の学習法

◎歴史的仮名遣い、文節・単語、品詞の分類など、基本の部分をしっかりと把握しておくこと。特に**歴史的仮名遣いを現代仮名遣いに直す問題は頻出**のため、各パターンの特徴を整理しておきましょう。

◎動詞・形容詞・形容動詞では、活用の種類や活用のしかたなどが口語文法と異なる部分もあるため、混同しないようにすること。また、音便についてもよく問われるため、動詞・形容詞・形容動詞のそれぞれに見られる音便を確認しておきましょう。

◎助動詞についてはよく問われるとともに、**古文の現代語訳や空欄補充の問題を解く際などのポイントとなる**ことが多々あります。それぞれの意味や活用、接続をおさえることが重要になるため、**同じ意味をもつもの、同じ活用をするもの、接続が同じものなどに分類しておさえていく**とよいでしょう。

◎助詞はそれぞれの意味や用法はもちろん、**ほかの品詞との判別**も問われます。特によく出てくるものからおさえていくようにしましょう。

◎尊敬語・謙譲語・丁寧語それぞれの表現を整理するとともに、**二重尊敬や絶対敬語などの特別な敬語表現**も確認しておくこと。

# ～本書のしくみ～

## 本冊

見開き２ページで１単元完結になっています。

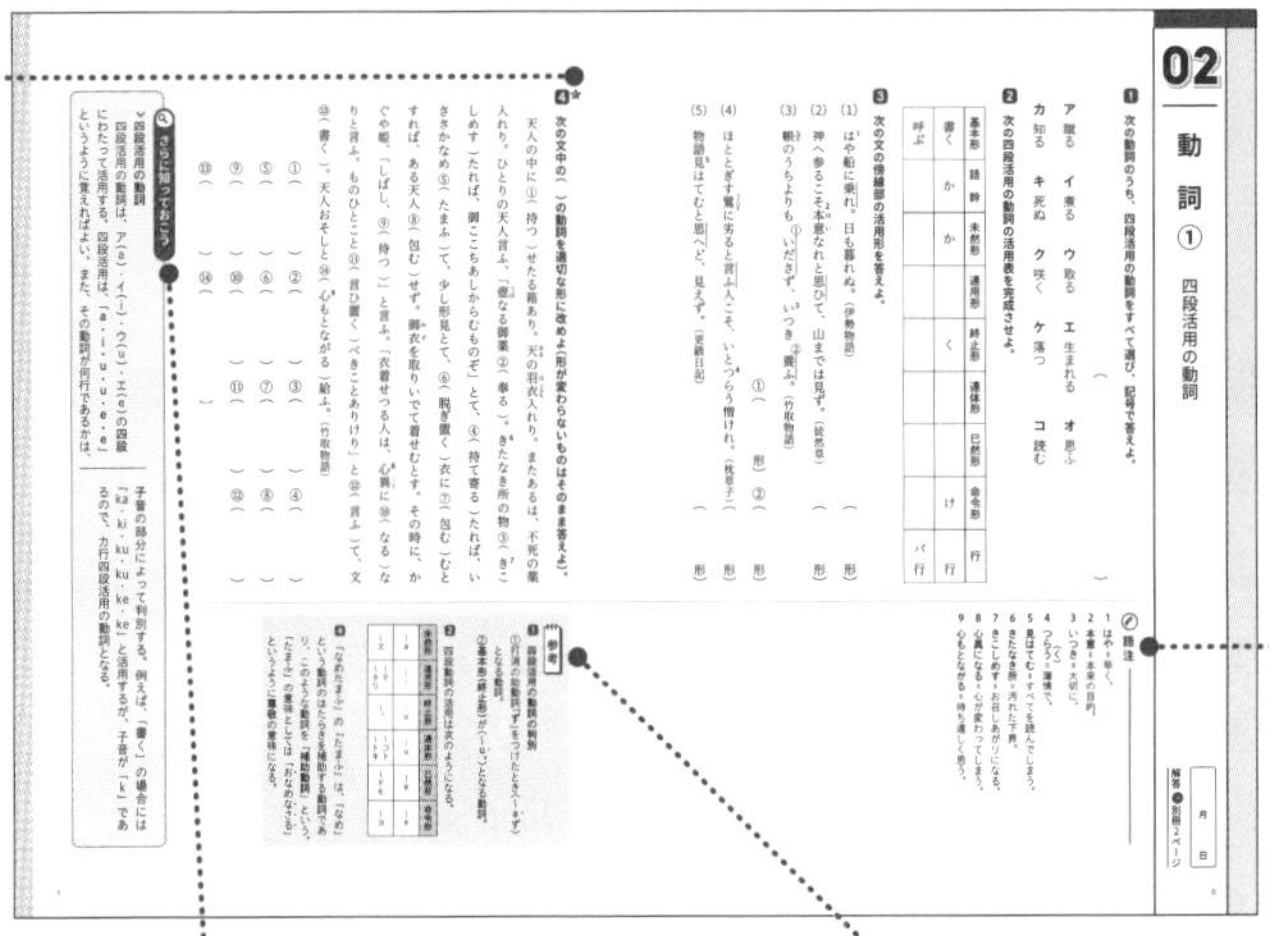

**☆重要な問題**
ぜひ取り組んでおきたい問題です。状況に応じて効率よく学習を進めるときの目安になります。

**語注**
文中に出てくる重要な言葉は、語注で意味を紹介しています。

**さらに知っておこう**
当該単元の補足事項などを紹介しています。

**参考**
当該単元で扱う内容の詳細などを紹介しています。

## 解答・解説

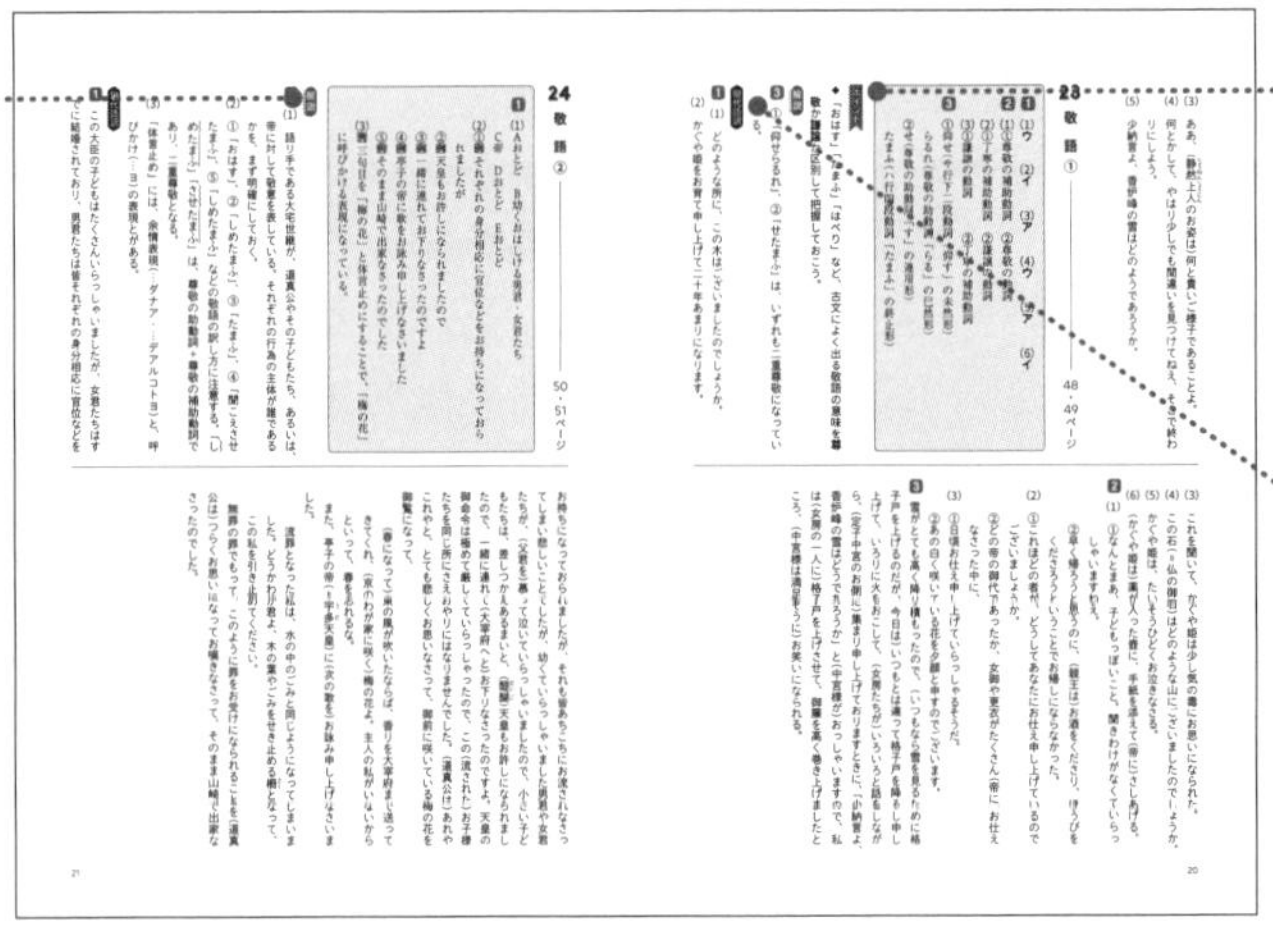

**解説**
解答を導く方法などを丁寧に解説しています。

**ポイント**
問題を解くうえでの要点を紹介しています。

**現代語訳**
古文をわかりやすく現代語訳しています。

## 本書の活用例

◎何度も繰り返し取り組むとき、１巡目は全問→２巡目は１巡目に間違った問題 …のように進めて、全問解けるようになるまで繰り返します。
◎ざっと全体を復習したいときは、各単元の☆だけ取り組むと効率的です。

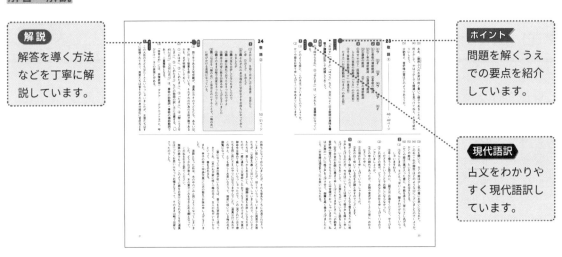

# 目次




本書に関する最新情報は、小社ホームページにある**本書の「サポート情報」**をご覧ください。(開設していない場合もございます。)

なお、この本の内容についての責任は小社にあり、内容に関するご質問は直接小社におよせください。

# 01 文語と口語・単語と品詞

月　日

解答 ➡ 別冊1ページ

**1** **次の「いろは歌」の空欄に、それぞれ適切な平仮名一字を入れよ。**

いろはにほへと　ちりぬる①（　　）

わかよたれそ　つねならむ

う②（　　）のおくやま　け③（　　）こ④（　　）て

あさきゆめみし　⑤（　　）⑥（　　）もせす

**2** **次の文中の傍線部①～⑤を、現代仮名遣いに改めよ。**

今は昔、竹取の翁《おきな》とい①ふものありけり。野山に[1]まじりて竹を[2]取りつつ、[3]よろづのことに使②ひけり。名をば、さかきの造《みやつこ》とな③むい④ひける。その竹の中に、[4]本《もと》光る竹なむ[5]一筋《ひとすぢ》ありける。[6]あやしがりて寄りて見るに、筒《つつ》の中光りたり。それを見れば、[7]三寸ばかりなる人、いと[8]うつくしうて⑤[9]ゐたり。

①（　　）②（　　）③（　　）④（　　）⑤（　　）

**3** **次の各語の品詞を答えよ。**

(1) いざ（　　）　(2) いと（　　）　(3) 静かなり（　　）　(4) たり（　　）

**語注**

1 **まじりて**＝入って。
2 **取りつつ**＝取りながら。
3 **よろづの**＝いろいろな。
4 **本**＝根元。
5 **一筋**＝一本。
6 **あやしがりて**＝不思議に思って。
7 **三寸ばかり**＝三寸（約九センチメートル）ぐらいの。
8 **うつくしうて**＝かわいらしい様子で。
9 **ゐたり**＝座っていた。
10 **むねとすべし**＝心がけるのがよい。
11 **諸矢**＝二本の矢。
12 **たばさみて**＝手に挟み持って。
13 **ちご**＝十歳くらいの少年。
14 **つれづれに**＝ひまにまかせて。
15 **かいもちひせむ**＝ぼたもちを作ろう。
16 **心よせに**＝（自分を起こしてくれるものと）期待して。

(5) いかで（　　）　(6) を（　　）　(7) されど（　　）　(8) 或る（　　）

(9) 美し（　　）　(10) われ（　　）　(11) あらゆる（　　）　(12) 堂々たり（　　）

## 4 次の文はいくつの単語に分けることができるか。漢数字で答えよ。

(1) 家の作りやう(様)は、夏を[10]むねとすべし。（徒然草）（　　）

(2) ある人弓射ることを習ふに、[11]諸矢《もろや》を[12]たばさみて的《まと》に向かふ。（徒然草）（　　）

## 5 ☆ 次の文中の傍線部の品詞を答えよ。

これも今は昔、比叡《ひえ》の山に[13]ちご①ありけり。僧たち、よひの②[14]つれづれに「③いざ、[15]かいもちひせむ」といひ④けるを、このちご[16]心よせ⑤に聞きけり。（宇治拾遺物語）

①（　　）　②（　　）　③（　　）　④（　　）　⑤（　　）

---

**参考**

■ **いろは歌**

色は匂へど　散りぬるを
わが世誰《たれ》ぞ　常ならむ
有為の奥山　今日越えて
浅き夢見じ　酔ひもせず

■ **活用語**

語形が変化するものを「**活用語**」という。また、活用語の変化しない部分を「**語幹**」、変化する部分を「**語尾**」という。

例　よ(語幹)む(語尾)
きよ(語幹)し(語尾)
のどやか(語幹)なり(語尾)

---

**さらに知っておこう**

**仮名遣い**

文語文に使われる仮名遣いは「**歴史的仮名遣い**」といい、口語文の「現代仮名遣い」と異なるので、まず、この「歴史的仮名遣い」を理解しなくてはならない。

**単語と品詞**

単語は、意味をもつ最小の単位であり、**十種類の品詞**（動詞・形容詞・形容動詞・名詞・副詞・連体詞・接続詞・感動詞・助動詞・助詞）に分けることができる。

月　日

解答 別冊2ページ

# 02 動詞①

## 四段活用の動詞

**1 次の動詞のうち、四段活用の動詞をすべて選び、記号で答えよ。**

（　　　）

**ア** 蹴る　**イ** 煮る　**ウ** 取る　**エ** 生まれる　**オ** 思ふ

**カ** 知る　**キ** 死ぬ　**ク** 咲く　**ケ** 落つ　**コ** 読む

**2 次の四段活用の動詞の活用表を完成させよ。**

| 基本形 | 語幹 | 未然形 | 連用形 | 終止形 | 連体形 | 已然形 | 命令形 | 行 |
|---|---|---|---|---|---|---|---|---|
| 書く | か | か | | く | | | け | 行 |
| 呼ぶ | | | | | | | | バ行 |

**3 次の文の傍線部の活用形を答えよ。**

(1) はや[1]船に乗れ。日も暮れぬ。（伊勢物語）　（　　形）

(2) 神へ参るこそ本意《ほい》[2]なれと思ひて、山までは見ず。（徒然草）　（　　形）

(3) 帳《とばり》のうちよりも①いださず、いつき[3]②養ふ。（竹取物語）　①（　　形）②（　　形）

(4) ほととぎす鶯《うぐひす》に劣ると言ふ人こそ、いとつらう[4]憎けれ。（枕草子）　（　　形）

(5) 物語見はてむ[5]と思へど、見えず。（更級日記）　（　　形）

**語注**

1 **はや**＝早く。
2 **本意**＝本来の目的。
3 **いつき**＝大切に。
4 **つらう（く）**＝薄情で。
5 **見はてむ**＝すべてを読んでしまう。
6 **きたなき所**＝汚れた下界。
7 **きこしめす**＝お召しあがりになる。
8 **心異になる**＝心が変わってしまう。
9 **心もとながる**＝待ち遠しく思う。

## 4☆ 次の文中の（　）の動詞を適切な形に改めよ（形が変わらないものはそのまま答えよ）。

天人の中に①（持つ）せたる箱あり。天《あま》の羽衣《はごろも》入れり。またあるは、不死の薬入れり。ひとりの天人言ふ、「壺《つぼ》なる御薬②（奉る）。[6]きたなき所の物③（きこ[7]しめす）たれば、御ここちあしからむものぞ」とて、④（持て寄る）たれば、いささかなめ⑤（たまふ）て、少し形見とて、⑥（脱ぎ置く）衣に⑦（包む）むとすれば、ある天人⑧（包む）せず。御衣《みぞ》を取りいでて着せむとす。その時に、かぐや姫、「しばし、⑨（待つ）」と言ふ。「衣着せつる人は、心[8]異《こと》に⑩（なる）なりと言ふ。ものひとこと⑪（言ひ置く）べきことありけり」と⑫（言ふ）て、文⑬（書く）。天人おそしと⑭（心[9]もとながる）給ふ。（竹取物語）

①（　　　）②（　　　）③（　　　）④（　　　）
⑤（　　　）⑥（　　　）⑦（　　　）⑧（　　　）
⑨（　　　）⑩（　　　）⑪（　　　）⑫（　　　）
⑬（　　　）⑭（　　　）

### 参考

**1** **四段活用の動詞の判別**

①打消の助動詞「**ず**」をつけたとき〈～**a**ず〉となる動詞。

②**基本形（終止形）**が〈～**u**。〉となる動詞。

**2** 四段動詞の活用は次のようになる。

| 未然形 | 連用形 | 終止形 | 連体形 | 已然形 | 命令形 |
|---|---|---|---|---|---|
| —a | —i | —u | —u | —e | —e |
| ～ズ | ～テ<br>～タリ | ～。 | ～コト<br>～トキ | ～ドモ | ～ヨ |

**4** 「なめたまふ」の「たまふ」は、「なめ」という動詞のはたらきを補助する動詞であり、このような動詞を「**補助動詞**」という。「たまふ」の意味としては「おなめなさる」というように**尊敬**の意味になる。

### さらに知っておこう

**四段活用の動詞**

四段活用の動詞は、ア（a）・イ（i）・ウ（u）・エ（e）の**四段**にわたって活用する。四段活用は、「**a・i・u・u・e・e**」というように覚えればよい。また、その動詞が何行であるかは、**子音**の部分によって判別する。例えば、「書く」の場合には「ka・ki・ku・ku・ke・ke」と活用するが、子音が「k」であるので、カ行四段活用の動詞となる。

# 動詞②

## 上一段・上二段・下一段・下二段活用の動詞

月　　日

解答 別冊3ページ

**1** 次の動詞を、上一段・上二段・下一段・下二段活用にそれぞれ分類せよ。

上一段（　　　　）　上二段（　　　　）

下一段（　　　　）　下二段（　　　　）

**ア** 見ゆ　**イ** 蹴る　**ウ** 過ぐ　**エ** 老ゆ　**オ** 見る

**カ** 落つ　**キ** 教ふ　**ク** 植《う》う　**ケ** 射る　**コ** 流る

**2** 次の動詞の活用表を完成させよ。

| 基本形 | 語幹 | 未然形 | 連用形 | 終止形 | 連体形 | 已然形 | 命令形 | 行・活用の種類 |
|---|---|---|---|---|---|---|---|---|
| 似る | に | に |  |  | にる |  |  | ナ行上一段 |
| 蹴る |  |  |  | ける |  |  | けよ |  |
| 落つ | お | ち |  |  | つる |  |  |  |
| 据う | す |  |  | う |  | うれ |  | ワ行下二段 |

**3** 次の文の傍線部は、何行何段活用の動詞か。

(1) ただ一人、徒歩《かち》[1]よりまうで[2]けり。（徒然草）
（　　）行（　　　）活用

(2) 女いだきて[3]ゐたるかぐや姫、外《と》にいでぬ。（竹取物語）
（　　）行（　　　）活用

**語注**

1 **徒歩より**＝歩いて。
2 **まうでけり**＝参拝した。
3 **いだきて**＝抱いて。
4 **帯刀ども**＝東宮警護の役人たち。
5 **生絹の単衣**＝絹の一重の着物。
6 **いみじう**＝ひどく。
7 **絶ゆ**＝切れている。
8 **おきてて**＝指図して。
9 **軒たけ**＝軒の高さ。
10 **心して**＝気をつけて。
11 **かばかり**＝このくらい。
12 **目くるめき**＝目がまわり。
13 **あやふき**＝あぶない。
14 **やすき所**＝やさしいところ。
15 **仕る**＝しでかす。

(3) 今すでに五年《いつとせ》を経《へ》たり。（方丈記）（　　）行（　　）活用

(4) [4]帯刀《たちはき》どもして蹴させやせまし。（大鏡）（　　）行（　　）活用

(5) [5]生絹《すずし》の単衣《ひとへ》の[6]いみじうほころび[7]絶ゆ。（枕草子）（　　）行（　　）活用

**4**☆ **次の文中から、上二段活用の動詞と下二段活用の動詞とをすべて抜き出すとともに、その活用形を例にならって答えよ。** 例 過ぐる・連体

高名《かうみやう》の木のぼりといひし男《をのこ》、人をおきてて[8]高き木にのぼせて、梢《こずゑ》を伐《き》らせしに、いとあやふく見えし程は、いふこともなくて、おるる時に、[9]軒《のき》たけばかりになりて、「あやまちすな。[10]心しておりよ」とことばをかけはべりしを、「[11]かばかりになりては、飛びおるるともおりなむ。いかにかくいふぞ」と申しはべりしかば、「そのことに候《さうら》ふ。[12]目くるめき、[13]枝あやふきほどは、おのれが恐れはべれば申さず。あやまちは[14]やすき所になりて必ず[15]仕《つかま》ることに候ふ」といふ。（徒然草）

上二段（　　）

下二段（　　）

**参考**

**1**
- **上一段活用の動詞**…着る・似る・煮る・干《ひ》る・見る（顧みる・試みる）・射る・鋳《い》る・居《ゐ》る・率《ゐ》る（率《ひ》ゐる）・用ゐる、などの十数語。
- **下一段活用の動詞**…「蹴る」の一語だけ。
- **上二段活用の動詞**…未然形が「i」となる動詞で、上一段の十数語以外。
- **下二段活用の動詞**…未然形が「e」となる動詞で、下一段の「蹴る」以外。

**2** 基本的な活用は次のようになる。
- **上一段**（i・i・iる・iる・iれ・iよ）
- **下一段**（e・e・eる・eる・eれ・eよ）
- **上二段**（i・i・u・uる・uれ・iよ）
- **下二段**（e・e・u・uる・uれ・eよ）

**さらに知っておこう**

**上二段活用の動詞と下二段活用の動詞**

上二段活用と下二段活用の動詞は、四段活用の動詞と同様に、**未然形と終止形**とによって判別することができる。

- **上二段活用の動詞**――未然形が「iず」で、終止形が「u」。
- **下二段活用の動詞**――未然形が「eず」で、終止形が「u」。

なお、「射る」はヤ行上一段活用、「居る」「率る」はワ行上一段活用であり、「老ゆ」「悔《く》ゆ」「報《むく》ゆ」の三語はヤ行上二段活用である。

# 04 動詞 ③ カ変・サ変・ナ変・ラ変の動詞

月　日

解答 別冊4ページ

**1** **次の空欄に、(1)は「来」を、(2)は「す」を、それぞれ活用させて平仮名で答えよ。**

(1) 秋
（　　）ず。
（　　）たり。
（　　）。
（　　）とき、
（　　）ども、
（　　）よ。

(2) 楽しみと
（　　）ず。
（　　）たり。
（　　）。
（　　）とき、
（　　）ども、
（　　）よ。

**2** **次の文から、カ変とサ変の動詞を抜き出し、その活用形も答えよ。**

(1) 「夜《よ》[1]さり、この寮《つかさ》[2]にまうで[3]来」とのたまひて遣[4]はしつ。（竹取物語）

(2) 天《あま》の河原に我は来にけり。（伊勢物語）

(3) 命《いのち》を軽んじ、義を重んず。（平家物語）

(4) 竹の中におはするにて知りぬ。（竹取物語）

（　　・　　形）
（　　・　　形）
（　　・　　形）
（　　・　　形）
（　　・　　形）

**語注**

1 **夜さり**＝夜になって。
2 **寮**＝大炊寮《おほひつかさ》（役所の一つ）。
3 **まうで来**＝やって来なさい。
4 **遣はしつ**＝お帰しになった。
5 **いづかた**＝どちらの方向。
6 **さぶらふ**＝「あり」の丁寧語。ございます。
7 **塗籠**＝周囲を厚い壁で塗り込めた部屋。
8 **朝臣**＝貴族の敬称。
9 **なにがし**＝なんとかいう。
10 **蔵人**＝蔵人所の役人。天皇の側近。

**3** **次の文の（　）に示したナ変の動詞を適切な形に改めよ。**

（1）生まれ（死ぬ）人、[5]いづかたより来たりて、（方丈記）　（　　　）

（2）（死ぬ）むとのみぞ狂ひける。（平家物語）　（　　　）

（3）足の向きたらむ方《かた》へ（往《い》ぬ）むず。（竹取物語）　（　　　）

（4）河内《かふち》へ（往ぬ）顔にて見れば、（伊勢物語）　（　　　）

**4** **次の文からラ変の動詞を抜き出し、終止形に改めて答えよ。**

（1）物語の多く[6]さぶらふなる、ある限り見せ給へ。（更級日記）　（　　　）

（2）女、[7]塗籠《ぬりごめ》の内に、かぐや姫を抱《いだ》かへて居《を》り。（竹取物語）　（　　　）

（3）なにとも知らで侍りしを、行成《ゆきなり》の[8]朝臣《あそん》のとりなしたるにや侍らむ。（枕草子）　（　　　）

（4）[9]なにがしの[10]主《ぬし》の蔵人《くらうど》にていますかりし時、（大鏡）　（　　　）

**参考**

**1** **カ行変格活用（カ変）**の動詞は「**来**」一語だけ。また、**サ行変格活用（サ変）**の動詞は「**す**」と「**おはす**」の二語だけであるが、ともに次のような**複合動詞**を作る場合がある。

例　〈カ変〉出《い》で来《く》・持て来　など
　　〈サ変〉達す・久しうす・心地す　など

**3** **ナ行変格活用（ナ変）**の動詞は「死ぬ」と「いぬ（往ぬ・去ぬ・寝ぬ）」だけである。

**4** **ラ行変格活用（ラ変）**の動詞は「あり」「をり」「はべり」「いまそかり」（「いますかり」）の四語である。

**さらに知っておこう**

**変格活用の動詞**

古典文法における「**変格活用の動詞**」は、カ変・サ変・ナ変・ラ変の四種類であるが、いずれも語の数は限られている。その語をまず覚え、次に活用表を暗唱するようにしよう。

- **カ変**――こ・き・く・くる・くれ・こ（よ）〈来〉
- **サ変**――せ・し・す・する・すれ・せよ〈す〉
- **ナ変**――な・に・ぬ・ぬる・ぬれ・ね〈死ぬ・往ぬ〉
- **ラ変**――ら・り・り・る・れ・れ〈あり・をり・はべり・いまそかり〉

# 05 動詞④

## 自動詞・他動詞・音便・見分け方

月　日

解答 別冊4ページ

**1** **次の動詞のうち、自動詞には○印を、他動詞には×印をつけよ。**

(1) 谷深くうぐひすの声聞こゆ。
(2) こわれし屋敷を急ぎて直す。
(3) 牛車《ぎつしや》の列、道にはてなく続く。
(4) 美人ときとして国を亡ぼす。

(1)(　　)　(2)(　　)　(3)(　　)　(4)(　　)

**2** **次の文中から音便形を抜き出し、音便の種類ともとの形を例にならって答えよ。**

例 をかしげなる乳児《ちご》の……[1]搔《か》いつきて寝たる、いと[2]らうたし。(枕草子)

答 (音便形)搔い　(種類)イ音便　(もとの形)搔き

(1) 橋の両方の[3]詰《つ》めにうつ立つて、[4]矢合はせす。(平家物語)

音便形(　　)　種類(　　)　もとの形(　　)

(2) ただ一人、橋の上にぞ進んだる。(平家物語)

音便形(　　)　種類(　　)　もとの形(　　)

(3) [5]池めいてくぼまり、[6]水つける所あり。(土佐日記)

音便形(　　)　種類(　　)　もとの形(　　)

(4) 親王《みこ》、[7]おほとのごもらで明かし給うてけり。(伊勢物語)

音便形(　　)　種類(　　)　もとの形(　　)

### 語注

1 **搔いつきて**＝抱きついて。
2 **らうたし**＝かわいらしい。
3 **詰め**＝たもと。
4 **矢合はせす**＝お互いに矢を射合う。
5 **池めいて**＝池のようになって。
6 **水つける所**＝水がたまった所。
7 **おほとのごもらで**＝おやすみにならないで。
8 **いやしき人**＝身分の低い人。
9 **世々を経て**＝幾《いく》世代にもわたって。
10 **昔ありし家**＝昔からあった家。
11 **いにしへ**＝昔。

## 3☆ 次の文中の傍線部の動詞について、その活用の種類と活用形とを答えよ。

ゆく川の流れは①絶えずして、しかももとの水に②あらず。（中略）たましきの都のうちに、棟《むね》を並べ、甍《いらか》を③争へる、高き、[8]いやしき人の住まひは、[9]世々を④経て⑤尽きせぬものなれど、これをまことかと⑥尋ぬれば、[10]昔ありし家はまれなり。あるは去年《こぞ》焼けて今年⑦作れり。あるは大家《おほいへ》⑧滅びて小家《こいへ》となる。住む人もこれに同じ。所も変はらず、人も多かれど、[11]いにしへ⑨見し人は二三十人が中にわづかにひとりふたりなり。朝《あした》に⑩死に夕べに⑪生まるるならひ、ただ水のあわにぞ⑫似たりける。（方丈記）

①（　行　活用・　形）　②（　行　活用・　形）
③（　行　活用・　形）　④（　行　活用・　形）
⑤（　行　活用・　形）　⑥（　行　活用・　形）
⑦（　行　活用・　形）　⑧（　行　活用・　形）
⑨（　行　活用・　形）　⑩（　行　活用・　形）
⑪（　行　活用・　形）　⑫（　行　活用・　形）

### 参考

**1** **自動詞**は目的語を必要としない。
例 鳥が鳴く。〈…ガ……スル〉
**他動詞**は目的語を必要とする。
例 水を流す。〈…ヲ……スル〉

**2** **音便形**には、**促音便**・**撥《はつ》音便**・**イ音便**・**ウ音便**の四種類がある。
勝ちて→勝つて　飛びて→飛んで
書きて→書いて　歌ひて→歌うて

**3** 動詞の活用形を判別する場合は、その語の**接続関係**を確認する。例えば、助動詞「ず」の上の動詞は未然形、助動詞「り」の上の四段動詞は已然形、助詞「て」の上の動詞は連用形、用言に続く動詞は連用形、体言に続く動詞は連体形、などである。

### さらに知っておこう

**動詞と補助動詞**

本来、自立語であった動詞が、**その意味を失って助動詞のように用いられたものを補助動詞**という。

① 藤の花植ゑたる人ありけり。（伊勢物語）

② 時は五月になむありける。（伊勢物語）

上の①は動詞であるが、②は補助動詞である。②の「あり」は「にあり」の形で「〜である」という意味になる。「たまふ」「たてまつる」「はべり」などの**敬語**に補助動詞が多くみられる。

# 06 形容詞・形容動詞 ① 活用

月　日

解答 ⌄ 別冊5ページ

**1** 次の和歌から形容詞を抜き出し、活用表を完成させよ。

(1) [1]ぬば玉の夜の更《ふ》けゆけば[2]久木《ひさき》生《お》ふる清き河原に千鳥[3]しば鳴く（万葉集）

(2) うたた寝に恋しき人を見てしより[4]夢てふものは頼み[5]初《そ》めてき（古今和歌集）

| | 基本形 | 語幹 | 未然形 | 連用形 | 終止形 | 連体形 | 已然形 | 命令形 | 活用の種類 |
|---|---|---|---|---|---|---|---|---|---|
| (1) | | | | | | | | | 活用 |
| (2) | | | | | | | | | 活用 |

**2**★ 次の傍線部の形容詞について、その活用の種類と活用形とを答えよ。

草葉も水もいと①青く見えわたりたるに、[6]上はつれなくて②つれなくて、草生ひ茂りたるを、ながながと[7]ただざまに行けば、下は[8]えならざりける水の深くはあらねど、人などのあゆむに[9]走りあがりたる、いと③をかし。左右にある垣にある、[10]ものの枝などの、[11]車の屋形などにさし入るを、急ぎてとらへて折らむとするほどに、ふと過ぎて[12]はづれたるこそ、いと④[13]くちをしけれ。（枕草子）

①（　　活用・　　形）②（　　活用・　　形）

③（　　活用・　　形）④（　　活用・　　形）

語注

1 **ぬば玉の**＝「夜」の枕詞。

2 **久木**＝木の名、アカメガシワ。

3 **しば鳴く**＝しきりに鳴く。

4 **夢てふもの**＝夢というもの。

5 **初めてき**＝始めるようになった。

6 **上はつれなくて**＝表面はそれらしい様子もなくて。

7 **ただざまに**＝まっすぐに。

8 **えならざりける水**＝なんともいえないような（美しい）水。

9 **走りあがりたる**＝はねあがる（のが）。

10 **ものの枝**＝何かの枝。

11 **車の屋形**＝牛車の人の乗るところ。

12 **はづれたる**＝（手から）はずれてしまった。

13 **くちをしけれ**＝残念な気がする。

14 **やうやう**＝だんだんと。

15 **峨々たる**＝険しくそびえている。

16 **百尺の滝**＝百尺（約三〇メートル）の高さの滝。

17 **みなぎり**＝勢いよく。

18 **朦朧として**＝ぼんやりとして。

19 **鳥海**＝鳥海山。

20 **漫々たる**＝広々とした。

21 **いづちを**＝どちらの方角を。

**3** 次の文中から形容動詞を抜き出し、活用表を完成させよ。

(1) かくて翁《おきな》[14]やうやう豊かになりゆく。(竹取物語)

(2) 山岳の峨々《がが》[15]たるより、[16]百尺《はくせき》の滝水[17]みなぎり落ちたり。(平家物語)

| | 基本形 | 語幹 | 未然形 | 連用形 | 終止形 | 連体形 | 已然形 | 命令形 | 活用の種類 |
|---|---|---|---|---|---|---|---|---|---|
| (1) | | | | | | | | | 活用 |
| (2) | | | | | | | | | 活用 |

**4**☆ 次の文中から形容動詞を抜き出し、その活用形を答えよ。

(1) いはば、あさがほの露《つゆ》に異ならず。(方丈記)　(　　・　　形)

(2) 雨[18]朦朧《もうろう》として[19]鳥海《てうかい》かくる。(奥の細道)　(　　・　　形)

(3) 南ははるかに野の方見やらる。(更級日記)　(　　・　　形)

(4) [20]漫々《まんまん》たる海上なれば、[21]いづちを西とは知らねど、(平家物語)　(　　・　　形)

**参考**

**4** 「**タリ活用**」の形容動詞は「平家物語」や「太平記」などの軍記物語に多く用いられているが、いずれも漢語が語幹。

例 颯々《さつさつ》たり・沈々たり・悄然《せうぜん》たり

**さらに知っておこう**

**形容詞の活用**

形容詞の活用には「**ク活用**」と「**シク活用**」があるが、本来これらの活用には、未然形と命令形とがなかった。のちに、連用形にラ変動詞「あり」がついて、「長くあり」→「長かり」のような活用が生まれた。これを「**カリ活用**」ということがある。したがって、この「カリ活用」はラ変型の活用をする。また、「カリ活用」は終止形や已然形に用いられた例はほとんどない。

# 07 形容詞・形容動詞 ②

## 語幹の用法と音便形

月　日

解答　別冊6ページ

**1** **形容詞の語幹の用法には、次の四種類がある。その用例にあたるものをあとから選び、記号で答えよ。**

(1) 語幹で言い切って、感動の意味を表すもの。〈〜ダナア、〜ヨ〉（　　）

(2) 語幹に助詞「の」がつき、連体修飾語となって感動を表すもの。（　　）

(3) 語幹に接尾語「さ」「み」がつき、名詞になるもの。（　　）

(4) 語幹に接尾語「み」がつき、原因・理由の意味を表すもの。〈〜ノデ〉（　　）

〔用例〕

**ア** 若の浦に潮満ち来れば潟《かた》を無《な》み[1]葦辺《あしべ》をさして鶴《たづ》鳴き渡る（万葉集）

**イ** さびしさに宿をたち出《い》でてながむればいづくも同じ秋の夕暮れ（後拾遺集）

**ウ** けづる[2]ことをうるさがりたまへど、をかしの[3]御髪《みぐし》や。（源氏物語）

**エ** あらたふと[4]　青葉若葉の　日の光（奥の細道）

**2** **次の文中から形容詞の音便形を抜き出し、その音便の種類も答えよ。**

(1) さてはよい敵ござんなれ。（平家物語）（　　・　　音便）

(2) いとうつくしう生[5]ひなりにけり。（更級日記）（　　・　　音便）

(3) 人のこころざし等しかんなり。（竹取物語）（　　・　　音便）

**語注**

1 **葦辺をさして**＝葦の茂る岸辺に向かって。
2 **けづる**＝櫛《くし》で髪をすく。
3 **をかしの御髪**＝美しいおぐし。
4 **あら**＝ああ、何とまあ。
5 **生ひなり**＝成長していく。
6 **あな**＝まあ、ああ。
7 **にはかの仰せ**＝急なお言葉。
8 **心もとなきもの**＝待ち遠しく、じれったく思うもの。
9 **とみの物**＝急ぎの仕立物。
10 **いまいまと**＝いまかいまかと。
11 **まもらへたる**＝見つめている。
12 **さるけしき**＝そのような（子どもが産まれる）気配。

**3** **次の文中の形容動詞の語幹の用法について説明せよ。**

(1) あな、[6]めづらか。いと、静か。

（　　　　　　　　　　　　　　　　　　）

(2) 愚かのこと。[7]にはかの仰《おほ》せ。

（　　　　　　　　　　　　　　　　　　）

(3) こまやかさ。おだやかさ。

（　　　　　　　　　　　　　　　　　　）

**4** **次の文中から、形容詞と形容動詞をすべて抜き出せ。**

[8]心もとなきもの。人のもとに[9]とみの物縫《ぬ》ひにやりて、[10]いまいまと苦しうゐ入《い》りて、あなたを[11]まもらへたる心地。子産むべき人の、そのほど過ぐるまで[12]さるけしきもなき。（枕草子）

形容詞（　　　　　　　　　　　　）

形容動詞（　　　　　　　　　　　）

**参考**

**1** 「形容詞の語幹＋み」の形で原因・理由を表す場合、「を〜み」の形をとることが多いが、「を」が省略されることもある。

例 山深み春とも知らぬ松の戸にたえだえかかる雪の玉水（新古今集）

**2** 形容詞の連体形に助動詞「なり」「めり」がつくと、**撥音便**となる。

苦しかるなり↓苦しか(ん)なり
多かるめり↓多か(ん)めり

**3** 形容動詞の**語幹**の用法には、「語幹＋み」で原因・理由を表す用法はない。

**さらに知っておこう**

**形容動詞と名詞の識別**

形容動詞と「名詞＋助動詞なり・たり」とは、次のように見分けることができる。

・上に**連用修飾語**がつく ⟶ 形容動詞

例 いとあはれなり・いみじう静かなり

・上に**連体修飾語**がつく ⟶ 名詞＋助動詞なり・たり

例 いはゆるあけぼのなり・いみじき静けさなり

# 08 名詞

月　日

解答 別冊7ページ

**1** 次の名詞の種類を答えよ。

(1) とき（　　　）
(2) おのれ（　　　）
(3) いくつ（　　　）
(4) 田子の浦（　　　）
(5) 二十《はたち》（　　　）
(6) 秋風（　　　）
(7) 清少納言（　　　）
(8) 花の雪（　　　）
(9) もの（　　　）
(10) かれ（　　　）

**2** 次の文中から普通名詞を抜き出せ。

木の花は、濃きもうすきも紅梅。桜は、花びら大きに、葉の色濃きが、枝細くて咲きたる。藤の花は、しなひ長く、色濃く咲きたる、いとめでたし。（枕草子）

（　　　）

**3** 次の文中の数詞と形式名詞を抜き出せ。

「京にとくあげ給ひて、物語の多くさぶらふなる、ある限り見せ給へ」と身を捨てて額《ぬか》をつき祈り申すほどに、十三になる年、のぼらむとて、九月三日門出して、いまたちといふ所に移る。（更級日記）

数詞（　　　）　形式名詞（　　　）

---

**参考**

■ 名詞の分類

①**普通名詞**（同類の事物に共通して用いられる。）

例 山・水・遊び・悲しみ・もの思い

②**固有名詞**（人名・地名・作品名など、特定の事物だけに用いられる。）

例 かぐや姫・隅田川・「徒然草」

③**数詞**（事物の数量や数の順序を表す。）

例 一つ・三位《さんみ》・百代《はくたい》・幾千《いくせん》・何万人

④**形式名詞**（普通名詞から転じ、本来の意味を失って形式的に用いられる。）

例 こと・ほど・ゆゑ・ため・とき

⑤**代名詞**（人や事物の代わりに用いられる。）

・**人称代名詞**（人代名詞）

一人称（自称）…あ・あれ・わ・われ・おのれ・それがし

二人称（対称）…な・なれ・なんぢ・おん身・そち

三人称（他称）…こ・これ・そ・それ・か・かれ・あ・あれ

不定称………た・たれ・なにがし・それがし

**4** ☆ **次の文中から名詞を抜き出し、あとの項目に分類して答えよ。**

薩摩守忠度《さつまのかみただのり》は、いづくよりや帰られたりけむ、侍《さむらひ》五騎、童《わらは》ひとり、わが身ともに七騎とつて返し、五条三位《さんみ》俊成《しゅんぜい》卿の宿所におはしてみたまへば、門戸を閉ぢて開かず。「忠度」と名のりたまへば、「おちうど帰りきたり」とて、その内騒ぎ合へり。薩摩守馬よりおり、みづから高らかにのたまひけるは、「別の子細《しさい》候《さうら》はず。三位殿に申すべきことあつて、忠度が帰り参つて候。門を開かれずとも、このきはまで立ち寄らせたまへ」とのたまへば、俊成卿「さることあるらむ。その人ならば苦しかるまじ。入れ申せ」とて、門を開けて対面あり。（平家物語）

(1) 普通名詞（　　　　）

(2) 固有名詞（　　　　）

(3) 数　詞（　　　　）

(4) 形式名詞（　　　　）

(5) 代名詞（　　　　）

・**指示代名詞**

| | 事物 | 場所 | 方向 |
|---|---|---|---|
| 近称 | こ<br>これ | ここ | こち<br>こなた |
| 中称 | そ<br>それ | そこ | そち<br>そなた |
| 遠称 | か<br>かれ<br>あ<br>あれ | かしこ<br>あしこ | あち<br>かなた<br>あなた |
| 不定称 | いづれ<br>なに | いづこ<br>いづく<br>いづら | いづち<br>いづかた |

**さらに知っておこう**

**助数詞**

数を表す数詞に添えられている語を、助数詞という場合がある。「二つ」の「つ」、「三位」の「位」などがそれである。年・番・本・首・句・丁・帖《ちょう》なども、その例である。

**反照代名詞**

人称代名詞の中で、自称・対称・他称などの人称にかかわらず、**その人自身**、**そのもの自体**を指す代名詞をいう。

例 女はおのれを喜ぶ者のために顔つくりす。（枕草子）

# 09 連体詞・副詞

月　日

解答 別冊8ページ

**1** **次の文中から連体詞を抜き出せ。**

(1) いはゆる田舎人になむなりてはべる。（宇津保物語）（　　）

(2) さしたることなくて、人のがり行くは、よからぬことなり。（徒然草）（　　）

(3) かぐや姫にいふやう、「なんでふ心地すれば、かく物を思ひたる様にて月を見給ふぞ。うましき世に」といふ。（竹取物語）（　　）

(4) さるをりしも、白き鳥の嘴《はし》と脚と赤き、鴫《しぎ》の大きさなる、水の上に遊びつつ魚を食う。（伊勢物語）（　　）

(5) かかる由《よし》の返りごとを申したれば、聞きたまひて、いかがすべきとおぼし煩《わづら》ふ。（竹取物語）（　　）

**2** **次の文中の傍線部「ある」の品詞を答えよ。**

(1) あるは春夏日照り、あるは秋大風・洪水《おほみず》など、よからぬことどもうち続きて、五穀ことごとくならず。（方丈記）（　　）（　　）

(2) ある人弓射ることを習うに、もろ矢をたばさみて的《まと》に向かふ。（徒然草）（　　）

**参考**

■ **連体詞**—自立語で活用がなく、**体言を修飾**する。

例 ある(人)・あらゆる・きたる・さんぬる・いんじ

■ **副詞**—自立語で活用がなく、**用言を修飾**する。

①**状態の副詞**（事物の状態・動作のありようを表す。）

例 すでに・しばしば・たちまち・つひに・まれまれ・はるばる

②**程度の副詞**（修飾する語の状態や性質を表す。）

例 いと・いとど・うたた・すこぶる・はなはだ・やや・なほ・げに

③**呼応(陳述)の副詞**（修飾する語に一定の言い方を要求する。）

・**打消**—え・つゆ・あへて・いまだ・さして・をさをさ・必ずしも

例 え歩まず。いまだ聞かず。

・**疑問**—いかに・いかが・なぞ・何故《なにゆゑ》

例 いかに思ひたるにか。

・**反語**—あに・いかで・いづくんぞ

例 いかでもたるべき。

(3) 物語の多くさぶらふなる、ある限り見せ給へ。（更級日記）（　　）

## 3 次の傍線部の副詞の種類をあとから選び、記号で答えよ。

(1) すべて月花をばさのみ目にて見るものかは。（徒然草）（　　）

(2) 平等院に入れたてまつりて、しばらく御休息ありけり。（平家物語）（　　）

(3) 弓をばからりと投げ捨て、箙《えびら》も解いて捨てんげり。（平家物語）（　　）

(4) いかにかく思し召しならせおはしますぬるぞ。（大鏡）（　　）

(5) ただいま過ぎなば、おのづから、障《さは》りも出でまうで来なむ。（大鏡）（　　）

〔種類〕 ア 状態の副詞　イ 程度の副詞　ウ 呼応（陳述）の副詞

## 4 次の文中の副詞に、すべて傍線をつけよ。

鳥の声などもことのほかに春めきて、のどやかなる日影に、垣根の草もえいづるころより、やや春深く霞《かす》み渡りて、花もやうやう景色だつほどこそあれ、をりしも雨風うち続きて、心あわたたしく散り過ぎぬ。（徒然草）

・**仮定**―もし・たとひ・よし
例 たとひ雨降るとも、
・**推量**―あるいは・おそらく・けだし
例 おそらく花咲かざらむ。
・**比況**―あたかも・さながら・さも
例 あたかも大河のごとし。
・**当然**―まさに・すべからく・宜《よろ》しく
例 すべからく修行すべし。
・**願望**―願はくは・いかで・なにとぞ
例 願はくは都に帰らむ。
・**禁止**―な・ゆめ・よも
例 な行きたまひそ。

### さらに知っておこう

**連体詞の転成**
連体詞は、すべてほかの品詞から転成したものである。
・ある（←ラ変動詞）　・あらゆる（←ラ変動詞＋助動詞）
・かかる・さる（←副詞「かく・さ」＋ラ変動詞「ある」）

**疑問・反語の副詞**
「いかが」「いかで（か）」「など（か）」などの疑問・反語の意味をもつ副詞は、主に文を連体形で結ぶ。
・いかが（←副詞「いかに」＋係助詞「か」）

# 10 接続詞・感動詞

月　日

解答 別冊9ページ

**1 次の空欄に入る適切な接続詞をあとから選び、記号で答えよ。**

(1) （　　）翁《おきな》やうやう豊かになりゆく。（竹取物語）

(2) ゆく川の流れは絶えずして、（　　）、もとの水にあらず。（方丈記）

(3) 西の山の麓《ふもと》に一宇《いちう》の御堂《みだう》あり。（　　）、寂光院《じやくくわうゐん》これなり。（平家物語）

(4) 霜《しも》のいと白きも、（　　）さらでも、いと寒きに、（枕草子）

(5) おはしまさざりけり、（　　）、御物忌《ものい》みとて取り入れず、と言ひて持て帰りたる、いとわびしくすさまじ。（枕草子）

**ア** しかも　**イ** もしは　**ウ** また
**エ** かくて　**オ** すなはち

**2 次の傍線部の語の品詞を答えよ。**

(1) 世の中にある人とすみかと、またかくのごとし。（方丈記）（　　）

(2) 萩《はぎ》の花尾花《をばな》葛花《くずばな》撫子《なでしこ》の花女郎花《をみなへし》また藤袴《ふぢばかま》朝顔の花（万葉集）（　　）

(3) よどみに浮かぶうたかたは、かつ消えかつ結びて、（方丈記）（　　）

(4) 袋を解きて今宵の友とす。かつ杉風《さんぷう》・濁子《だくし》が発句《ほつく》あり。（奥の細道）（　　）

---

**参考**

■ **接続詞**—自立語で活用がなく、文と文、文節と文節などを結びつける。

①**条件的接続**（前の条件を受けてあとに続ける接続詞。主として文頭にくる。）

・**順接**—かかれば・かくて・されば・しかして・しかれば・すなはち・ゆゑに・よつて

・**逆接**—かかれども・さるに・されど・さりながら・しかるに・しかれども・ながら

②**対等接続**（前後の事がらが対等の関係であることを示す接続詞。主として文中にくる。）

・**並立**—および・ならびに・また

・**添加**—かつ・しかうして・しかも・ついで・なほ

・**選択**—あるいは・あるは・なかんづく・はた・もしくは・もしは

■ **感動詞**—自立語で活用がなく、独立して感動・呼びかけ・応答を表す。

①**感動**
あっぱれ・あな・ああ・あはれ・あら・いで(や)・すは(や)

（5）花桜咲くと見し間にかつ散りにけり（古今集）　（　　）

**3** **次の文中から、それぞれ感動詞をすべて抜き出せ。**

（1）いざ給へ、出雲《いづも》拝みに。掻餅《かいもちひ》めさせん。（徒然草）　（　　）

（2）あな、めでたや。この獅子《しし》の立ちやう、いとめづらし。（徒然草）　（　　）

（3）いかに殿ばら、殊勝のことは御覧じとがめずや。（徒然草）　（　　）

（4）あはれ、弓矢取る身ほど口惜《くちを》しかりけるものはなし。（平家物語）　（　　）

（5）いで、あな幼なや。いふかひなうものしたまふかな。（源氏物語）　（　　）

（6）無期《むご》ののちに「えい」といらへたりければ、僧たち笑ふこと限りなし。（宇治拾遺物語）　（　　）

**②呼びかけ・勧誘**
いかに・いざ・いざや・いで・なう・なう
なう・や・やよ
**③応答**
いさ・いな・いや・えい・おう・どれ

**さらに知っておこう**

**接続詞と副詞との区別**

副詞は、その位置を**移動することができる**が、接続詞は位置の**移動はできない**。

例 ・けふまた山を越え行く。（副詞）
・またけふ山を越え行く。
・けふ山をまた越え行く。

例 山また山を越え行く。（接続詞）

# 11 助動詞①「る・らる」「す・さす・しむ」

月　日

解答 別冊9ページ

**1** **次の傍線部の語の意味をあとから選び、記号で答えよ。**

(1) 物は少しおぼゆれど、腰なむ動かれぬ。（竹取物語）（　　）

(2) 哀《かな》しうあはれにおぼさるれども、けしきにも出だし給はず。（宇津保物語）（　　）

(3) いにしへのことも立ち返り恋しう思ひいでらるる。（徒然草）（　　）

(4) 知らぬ人のうちに臥《ふ》し、つゆまどろまれず。（更級日記）（　　）

(5) 物に襲はるるやうにて、あひ戦はむ心もなかりけり。（竹取物語）（　　）

〔意味〕 **ア** 可能　**イ** 自発　**ウ** 受身　**エ** 尊敬

**2** **次の傍線部の語の意味をあとから選び、記号で答えよ。**

(1) 君も臣も、大きに騒がせおはします。（平家物語）（　　）

(2) 人に食はすることなし。ただ一人のみぞ食ひける。（徒然草）（　　）

(3) 大臣《おとど》の御里に、源氏の君まかでさせ給ふ。（源氏物語）（　　）

(4) やがて山崎にて出家せしめ給ひてけり。（大鏡）（　　）

---

**参考**

■ **る・らる**

〔活用〕

| 基本形 | 未然 | 連用 | 終止 | 連体 | 已然 | 命令 |
|---|---|---|---|---|---|---|
| る | れ | れ | る | るる | るれ | れよ |
| らる | られ | られ | らる | らるる | らるれ | られよ |

〔接続〕

る――四段・ナ変・ラ変動詞の未然形

らる――右以外の動詞の未然形

〔意味〕

受身（…レル／…ラレル）

尊敬（…レル／…ラレル／…ナサル／オ…ニナル）

可能（…コトガデキル）

自発（自然ト…レル／…ニナル／…セズニハイラレナイ）

■ **す・さす・しむ**

〔活用〕

| 基本形 | 未然 | 連用 | 終止 | 連体 | 已然 | 命令 |
|---|---|---|---|---|---|---|
| す | せ | せ | す | する | すれ | せよ |
| さす | させ | させ | さす | さする | さすれ | させよ |
| しむ | しめ | しめ | しむ | しむる | しむれ | しめよ |

(5) 身を破るよりも、心をいたましむるは、人をそこなふことなほはなはだし。（徒然草）

（　　）

〔意味〕 ア 使役　イ 尊敬

**3☆ 次の文中の（ ）内の助動詞を、適切に活用させよ。**

(1) 「少納言よ、香炉峰《かうろほう》の雪いかならむ」と仰せ①（らる）ば、御格子《みかうし》上げ②（さす）て、御簾《みす》を高く上げたれば、笑は③（す）たまふ。（枕草子）

①（　　）②（　　）③（　　）

(2) ちひさきはあへなむと、おほやけも許さ（しむ）たまひしかば、共に率《ゐ》て下りたまひしぞかし。（大鏡）

（　　）

(3) 愚かなる人の目を喜ば（しむ）楽しみ、またあぢきなし。（徒然草）

（　　）

**〔接続〕**
す――四段・ナ変・ラ変動詞の未然形
さす―右以外の動詞の未然形
しむ―活用語の未然形

**〔意味〕**
使役（…セル／…サセル）
尊敬（オ…ニナル／…ナサル）

◆尊敬の「す・さす」は二重尊敬として用いられることが多い。
例 「～せ給ふ」「～させ給ふ」

**さらに知っておこう**

**助動詞「ゆ」「らゆ」**

「ゆ」「らゆ」は、奈良時代の助動詞で、平安時代の「る」「らる」と同じように用いられた。しかし、その後平安時代になると用いられなくなった。（ただし、「覚ゆ」「思ほゆ」などの動詞や「あらゆる」「いはゆる」などの連体詞に、その形をとどめてはいる。）また、意味としては、**受身・可能・自発**があるが、尊敬の用法はみられない。尊敬の意味をもつ上代（奈良時代）の助動詞としては、「す」がある。

# 12 助動詞② 「つ・ぬ・たり・り」

月　日

解答 別冊10ページ

**1** 次の文中の完了の助動詞に、すべて傍線をつけよ。

(1) 翁《おきな》、竹を取ること久しくなりぬ。いきほひ猛の者になりにけり。この子いと大きになりぬれば、名を、三《み》室《むろ》戸《ど》斎《いむ》部《べ》の秋田を呼びてつけさす。(竹取物語)

(2) 「われ、もの握りたり。今は降ろしてよ。翁し得たり」とのたまふ。集まりてとく降ろさむとて綱を引き過ぐして、綱絶ゆるすなはちに、八島《やしま》の鼎《かなへ》の上に、のけざまに落ちたまへり。(竹取物語)

**2** 次の文の傍線部を現代語訳せよ。

(1) たけき者もつひには滅びぬ。(平家物語)

（　　　　　　　　）

(2) 長刀《なぎなた》中より打ち折つて捨ててんげり。(平家物語)

（　　　　　　　　）

(3) 歌をなむよみて出だしたりける。(伊勢物語)

（　　　　　　　　）

(4) 清水のある所に伏しにけり。(伊勢物語)

（　　　　　　　　）

**参考**

■つ・ぬ

【活用】

| 基本形 | 未然 | 連用 | 終止 | 連体 | 已然 | 命令 |
|---|---|---|---|---|---|---|
| つ | て | て | つ | つる | つれ | てよ |
| ぬ | な | に | ぬ | ぬる | ぬれ | ね |

【接続】

活用語の連用形

【意味】

完了（…タ／…テシマウ／…テシマッタ）

強意（キット…／タシカニ…）

並列（…タリ…タリ）

◆推量の助動詞の上の「つ」「ぬ」は、強意を表す。

てむ・なむ

つべし・ぬべし

てまし・なまし

(5) 盛りにならば、かたちも限りなくよく、髪も長くなりなむ。(更級日記)
（　　　）

(6) 親のため、妻子のためには、恥をも忘れ、盗みもしつべきことなり。(徒然草)
（　　　）

**3** **次の（　）内の完了の助動詞を適切に活用させよ。**

(1) 竜あらば、ふと射殺して、首の玉は取り（つ）む。(竹取物語)（　　　）

(2) ほととぎす鳴き（つ）方をながむればただ有明の月ぞ残れる (千載和歌集)（　　　）

(3) そのこと果て（ぬ）ば、とく帰るべし。(徒然草)（　　　）

(4) 一夜のうちに塵灰《ちりはひ》となり（ぬ）き。(方丈記)（　　　）

(5) 首もちぎるばかりに引き（たり）に、耳鼻かけうげながら抜けにけり。(徒然草)（　　　）

(6) おのれを知るを、もの知れ（り）人といふべし。(徒然草)（　　　）

■ **たり・り**

**【活用】**

| 基本形 | 未然 | 連用 | 終止 | 連体 | 已然 | 命令 |
|---|---|---|---|---|---|---|
| たり | たら | たり | たり | たる | たれ | (たれ) |
| り | ら | り | り | る | れ | (れ) |

**【接続】**

たり―活用語の連用形

り――四段動詞の已然形

サ変動詞の未然形

(四段・サ変動詞の命令形に接続するという説もある。)

**【意味】**

完了(…タ／…テシマッタ)

存続(…テイル／…テアル)

**さらに知っておこう**

✓**「つ」と「ぬ」の用法の違い**

「つ」は、意識的・作為的な動作(**自動詞**)の完了を表し、「ぬ」は、無意識的・自然な動作(**他動詞**)の完了を表す。

例・いづ方へか行きつらむ。(徒然草)

・空よりも落ちぬべき心地す。(徒然草)

✓**並列を表す「つ」「ぬ」「たり」**(…タリ…タリ)

例・討ちつ討たれつ　・泣きぬ笑ひぬ

・掃いたり、拭《のご》うたり

# 13 助動詞③「き・けり」「ず」

月　日

解答 別冊11ページ

**1☆ 次の文中の過去の助動詞に、すべて傍線をつけよ。**

(1) 職《しき》の御曹司《みざうし》の西面《にしおもて》に住みしころ、大殿の新中将、宿直《とのゐ》にて、ものなど言ひしに、側にある人の、「この中将に扇の絵のこと言へ」とささめけば、「いま、かの君の立ち給ひなむにを」といとみそかに言ひ入るるを、その人だにえ聞きつけで、「何とか、何とか」と耳をかたぶくるを、遠くゐて、「にくし。さのたまはば、けふは立たじ」とのたまひしこそ、いかで聞きつけ給ふらむとあさましかりしか。(枕草子)

(2) 村上の前帝の御時に、雪のいみじう降りたりけるを、様器《やうき》に盛らせ給ひて、梅の花をさして、月のいと明かきに、「これに歌よめ。いかがいふべき」と兵衛《ひやうゑ》の蔵人《くらうど》に賜《たま》はせたりければ、「雪月花の時」と奏したりけるをこそ、いみじうめでさせ給ひけれ。(枕草子)

**2 次の空欄に、過去の助動詞「き」を適切に活用させて入れよ。**

(1) 京より下り①（　　　）ときに、みな人子どもなかり②（　　　）。(土佐日記)

(2) 世の中に絶えて桜のなかり（　　　）ば春の心はのどけからまし(古今集)

---

**参考**

■**き**

[活用]

| 基本形 | 未然 | 連用 | 終止 | 連体 | 已然 | 命令 |
|---|---|---|---|---|---|---|
| き | (せ) | ○ | き | し | しか | ○ |

◆未然形の「**せ**」

「せば…まし」(反実仮想)の形で用いられる。(…ナラバ…ノニ)

例 思ひつつ寝《ぬ》ればや人の見えつらむ夢と知りせば覚めざらましを(古今集)

[接続] 活用語の連用形

[意味] 過去(…タ／…タノダ)

■**けり**

[活用]

| 基本形 | 未然 | 連用 | 終止 | 連体 | 已然 | 命令 |
|---|---|---|---|---|---|---|
| けり | (けら) | ○ | けり | ける | けれ | ○ |

◆未然形の「**けら**」

奈良時代に「けらずや」「けらく」の形で用いられた。

[接続] 活用語の連用形

[意味] 過去(…タ／…タソウダ)

詠嘆(…ヨ／…タナア／…コトヨ)

(3) 都をば霞《かすみ》とともに立ち（　　　　）ど秋風ぞ吹く白河の関（後拾遺集）

**3** **次の傍線部を現代語訳せよ。**

(1) 昔、惟喬《これたか》の親王《みこ》と申す親王おはしけり。（伊勢物語）

（　　　　）

(2) 山川に風のかけたるしがらみは流れもあへぬ紅葉《もみぢ》なりけり（万葉集）

（　　　　）

**4** **次の空欄に、打消の助動詞「ず」を適切に活用させて入れよ。**

(1) 取り立てて書くべきことなら①（　　　）ど、とかく言ひ交はすけしきどもは、にくから②（　　　）。（枕草子）

(2) かかる目見むとは思は（　　　）けむ。（枕草子）

(3) 京には見え（　　　）鳥なれば、みな人見知らず。（伊勢物語）

■ **ず**

**【活用】**

| 基本形 | 未然 | 連用 | 終止 | 連体 | 已然 | 命令 |
|---|---|---|---|---|---|---|
| ず | (な)<br>ざら | (に)<br>ず<br>ざり | ず | ぬ<br>ざる | ね<br>ざれ | ざれ |

◆奈良時代まで未然形の「な」や連用形の「に」が用いられたが、平安時代には用いられなくなった。

例 友ならなくに（万葉集）

◆「ざら・ざり・ざる・ざれ」の行は、「ず＋あり」がつづまったもの。

**【接続】**活用語の未然形

**【意味】**打消（…ナイ）

**さらに知っておこう**

**「き」と「けり」の用法の違い**

「き」は、自分が**直接に経験した**過去の出来事を回想したり、過去において確実にあった事実を述べたりするときに用いる。

「けり」は、ほかの人から伝え聞いた、つまり、**間接的に経験した**過去の出来事を回想して述べるときに用いる。

例
・死にし子、みな顔よかりき。（土佐日記）
・今は昔、竹取の翁といふものありけり。（竹取物語）
・その人ほどなく失せにけりと聞きはべりし。（徒然草）

# 14 助動詞 ④ 「む・むず・けむ・らむ」

月　日

解答 ➡ 別冊12ページ

**1** **文中の傍線部「む」「むず」の意味をあとから選び、記号で答えよ。**

(1) 師の前にて一つをおろかにせむと思はむや。（徒然草）（　　）

(2) 少納言よ、香炉峰の雪はいかならむ。（枕草子）（　　）

(3) かのもとの国より、迎へに人々まうで来《こ》むず。（竹取物語）（　　）

(4) などかは急ぎたまふ。花を見てこそ帰りたまはめ。（宇津保物語）（　　）

(5) われは、しかじかのことありしかば、そこに建てむずるぞ。（大鏡）（　　）

〔意味〕
**ア** 推量　**イ** 意志　**ウ** 適当・勧誘　**エ** 仮定・婉曲《えんきょく》

**2** **次の傍線部の語の活用形を答えよ。**

(1) 男はこの女をこそ得めと思ふ。（伊勢物語）（　　形）

(2) いづくよりや帰られたりけむ。（平家物語）（　　形）

(3) まず紙燭《しそく》さして来。この貝、顔見む。（竹取物語）（　　形）

(4) 唐土《もろこし》の人は、これをいみじと思へばこそ、しるしとどめて世にも伝えけめ。（徒然草）（　　形）

---

**参考**

■ **む・むず**

〔活用〕

| 基本形 | 未然 | 連用 | 終止 | 連体 | 已然 | 命令 |
|---|---|---|---|---|---|---|
| む（ん） | （ま） | ○ | む（ん） | む（ん） | め | ○ |
| むず（んず） | ○ | ○ | むず（んず） | むずる（んずる） | むずれ（んずれ） | ○ |

〔接続〕活用語の未然形

〔意味〕
推量（…ウ／…ダロウ）
意志（…ヨウ／…タイ）
適当・勧誘（…スルノガヨイ／…シマセンカ／…テクダサイ）
仮定・婉曲（モシ…タラ／…ノヨウナ）

■ **けむ**

〔活用〕

| 基本形 | 未然 | 連用 | 終止 | 連体 | 已然 | 命令 |
|---|---|---|---|---|---|---|
| けむ（けん） | ○ | ○ | けむ（けん） | けむ（けん） | けめ | ○ |

〔接続〕活用語の連用形

〔意味〕
過去推量（…タダロウ）
過去の原因推量（ドウシテ…タノダロウ）
過去の伝聞・婉曲（…タトカイウ／…タヨウナ／…タソウダ）

(5) 夜半《やは》にや君がひとり越ゆらむ（伊勢物語）（　　　形）

**3☆ 次の和歌の傍線部を現代語訳せよ。**

(1) 立ちわかれ因幡《いなば》の山の峰に生ふるまつとし聞かば今帰りこむ（古今集）
（　　　　）

(2) 憶良《おくら》らは今はまからむ子泣くらむそれその母も吾《あ》を待つらむぞ（万葉集）
（　　　　）

(3) 久方《ひさかた》の光のどけき春の日にしづ心なく花の散るらむ（古今集）
（　　　　）

(4) 吾《あ》を待つと君が濡れけむあしひきの山の雫《しづく》にならましものを（万葉集）
（　　　　）

(5) 見渡せば山もとかすむ水無瀬《みなせ》川夕べは秋となに思ひけむ（新古今集）
（　　　　）

■ **らむ**

**【活用】**

| 基本形 | 未然 | 連用 | 終止 | 連体 | 已然 | 命令 |
|---|---|---|---|---|---|---|
| らむ（らん） | ○ | ○ | らむ（らん） | らむ（らん） | らめ | ○ |

**【接続】**活用語の終止形（ラ変・ラ変型の活用語は連体形）

**【意味】**
現在推量（…テイルダロウ）
現在の原因推量（ドウシテ…デアロウカ）
現在の伝聞・婉曲（…トイウ／…テイルヨウナ）

**さらに知っておこう**

**✓「むず」の語源**

「むず」は、「むとす」（助動詞「む」＋格助詞「と」＋サ変動詞「す」）がつづまったもので、「**む**」と同じ意味を表す。

例 言はむとす ⟶ 言はむず

**✓「む」「らむ」「けむ」の用法**

・**む**――これから起こることを推量。 例 いつか来鳴かむ
・**らむ**――現在起こっていることを推量。 例 子泣くらむ
・**けむ**――過去に起こったことを推量。 例 さぶらひけむ

# 15 助動詞 ⑤ 「べし・めり・らし・まし」

月　日

解答 別冊13ページ

**1** **次の文中の傍線部「べし」の意味をあとから選び、記号で答えよ。**

(1) 羽なければ、空をも飛ぶべからず。（方丈記）（　　）

(2) 黒き雲にはかに出できぬ。風吹きぬべし。（土佐日記）（　　）

(3) 家の作りやうは、夏をむねとすべし。（徒然草）（　　）

(4) 頼朝が首をはねて、わが墓の前に掛くべし。（平家物語）（　　）

(5) 毎度、ただ得失なく、この一矢に定むべしと思へと言ふ。（徒然草）（　　）

〔意味〕
**ア** 推量　**イ** 意志　**ウ** 適当
**エ** 命令　**オ** 可能

**2** **次の空欄に、「めり」「らし」のどちらかを適切に活用させて入れよ。**

(1) 春過ぎて夏来たる（　　）白妙《しろたへ》の衣《ころも》干したり天の香具山（万葉集）

(2) いまひとときは心も浮き立つものは、春の景色にこそあ（　　）。（徒然草）

(3) 夕されば小倉の山に鳴く鹿は今宵は鳴かず寝《い》ねにけ（　　）も（万葉集）

(4) 職《しき》の御曹司《みざうし》におはしましほどのことな（　　）。（枕草子）

**参考**

〔活用〕

| 基本形 | 未然 | 連用 | 終止 | 連体 | 已然 | 命令 |
|---|---|---|---|---|---|---|
| べし | べから | べく べかり | べし | べき べかる | べけれ | ○ |
| めり | ○ | めり | めり | める | めれ | ○ |
| らし | ○ | ○ | らし | らし（らしき） | らし | ○ |
| まし | ましか（ませ） | ○ | まし | まし | ましか | ○ |

■ べし

〔接続〕活用語の終止形（ラ変型の活用語は連体形）

〔意味〕
推量（…ダロウ／…ソウダ）
意志（…ヨウ／…ツモリダ）
当然（…ハズダ／…ベキダ／…ナケレバナラナイ）
適当（…ノガヨイ）
可能（…コトガデキル）
命令（…セヨ）

(5) ことにかたくなる人ぞ、「この枝、かの枝散りにけり。いまは見どころなし」などは言ふ（　　　）。（徒然草）

**3** ☆ **助動詞「まし」は、「反実仮想」の意味を表すが、次の場合、事実はどうであったのかをわかりやすく説明せよ。**

(1) わが背子と二人見ませばいくばくかこの降る雪のうれしからまし（万葉集）

（　　　　　　　　　　）

(2) 世の中に絶えて桜のなかりせば春の心はのどけからまし（古今集）

（　　　　　　　　　　）

(3) 妻戸をいま少し押し開けて、月見るけしきなり。やがてかけこもらましかばくちをしからまし。（徒然草）

（　　　　　　　　　　）

■ **めり**

**【接続】** 活用語の終止形（ラ変型の活用語は連体形）

**【意味】** 推定（…ヨウダ／…トミエル）

婉曲（…ヨウダ／…ヨウニ思ワレル）

■ **らし**

**【接続】** 活用語の終止形（ラ変型の活用語は連体形）

**【意味】** 推定（…ラシイ）

■ **まし**

**【接続】** 活用語の未然形

**【意味】** 反実仮想（モシモ…トシタラ…ダロウニ）

◆事実に反することを仮定し、結果を推量する。

ためらいを含んだ意志（デキレバ…シタイモノダ）

## さらに知っておこう

**＞「めり」と「らし」の用法**

・**めり**――目の前で起こった客観的事実を断定的に表現せず、やわらかく**婉曲的に表現する**のに用いる。

例 あはれ今年の秋も往《い》ぬめり

・**らし**――目の前で起こった客観的事実をもとにした根拠のある**確実な推量**を表すのに用いる。

例 みむろの山にしぐれ降るらし

# 16 助動詞 ⑥

## 「じ・まじ」「まほし・たし」「ごとし」

月　　日

解答 別冊14ページ

**1** **次の文中の傍線部を現代語訳せよ。**

(1) 法師ばかりうらやましからぬものはあらじ。（徒然草）

（　　　　　　　　　　）

(2) 勝たむと打つべからず。負けじと打つべきなり。（徒然草）

（　　　　　　　　　　）

(3) さて、冬枯れの景色こそ、秋にはをさをさ劣るまじけれ。（徒然草）

（　　　　　　　　　　）

(4) わが身は女《をうな》なりとも、敵《かたき》の手にはかかるまじ。（平家物語）

（　　　　　　　　　　）

(5) かぐや姫は重き病《やまひ》をしたまへば、え出でおはしますまじ。（竹取物語）

（　　　　　　　　　　）

**2** **次の空欄に「まほし」「たし」のどちらかを活用させて入れ、傍線部を現代語訳せよ。**

(1) 少しのことにも先達《せんだち》はあら（　　　　）ことなり。（徒然草）

（　　　　　　　　　　）

**参考**

**〔活用〕**

| 基本形 | 未然 | 連用 | 終止 | 連体 | 已然 | 命令 |
|---|---|---|---|---|---|---|
| じ | ○ | ○ | じ | じ | (じ) | ○ |
| まじ | まじから | まじく<br>まじかり | まじ | まじき<br>まじかる | まじけれ | ○ |
| まほし | まほしから | まほしく<br>まほしかり | まほし | まほしき<br>まほしかる | まほしけれ | ○ |
| たし | たから | たく<br>たかり | たし | たき<br>たかる | たけれ | ○ |
| ごとし | ○ | ごとく | ごとし | ごとき | ○ | ○ |

■じ

**〔接続〕**活用語の未然形

**〔意味〕**

打消推量（…ナイダロウ）

打消意志（…マイ／…ナイツモリダ）

■まじ

**〔接続〕**活用語の終止形（ラ変型の活用語は連体形）

**〔意味〕**

打消推量（キット…ナイダロウ）

打消意志（…マイ／…ナイツモリダ）

打消当然（…ハズガナイ）

不適当（…ナイノガヨイ）

(2) 愛敬《あいぎやう》ありて、言葉多からぬこそ、あかず向かは（　　　　）。（徒然草）

（　　　　）

(3) 敵に逢《あ》うてこそ死に（　　　　）。悪所に落ちては死にたからず。（平家物語）

（　　　　）

**3** **次の和歌の傍線部を現代語訳せよ。**

あをによし奈良の都は咲く花のにほふがごとくいま盛りなり（万葉集）

（　　　　）

**4** **次の文中の傍線部を現代語訳せよ。**

(1) 海の上、きのふのごとくに波も見えず。（更級日記）

（　　　　）

(2) 雨のかかりたるが、白き玉を貫きたるやうなるこそ、いみじうあはれにをかしけれ。（枕草子）

（　　　　）

禁止（…テハナラナイ）
不可能（…デキソウニナイ）

■ **まほし・たし**

**【接続】**
まほし―活用語の未然形
たし――活用語の連用形
**【意味】**希望（…タイ／…テホシイ）

■ **ごとし**

**【接続】**
体言や活用語の連体形
助詞の「が」や「の」
**【意味】**
比況（…ノヨウダ／…ト同ジヨウダ）
例示（…ヨウナ／…ナド）

**さらに知っておこう**

**「じ」と「まじ」の用法**

「む」の打消が「**じ**」であり、「べし」の打消が「**まじ**」である。「べし」が「む」を強めた表現であると同様に、「まじ」のほうが「じ」よりも話し手の気持ちが強く表される。

**「まほし」と「たし」の変遷**

「まほし」は、上代の「まくほし」から変化したもので、平安時代になって用いられた。また、「たし」は、鎌倉時代になってから多く用いられるようになった。

# 17 助動詞 ⑦ 「なり・たり」「なり」

月　日

解答 別冊15ページ

**1** **次の文中の傍線部「なり」「たり」の意味をあとから選び、記号で答えよ。**

(1) また聞けば、侍従の大納言の御女《むすめ》なくなりたまひぬなり。（更級日記）　（　　）

(2) 京には見えぬ鳥なれば、みな人見知らず。（伊勢物語）　（　　）

(3) なんぢが巻かせて持たせたる旗あげさせよ。（平家物語）　（　　）

(4) 男ども二十人ばかり遣はして、あななひに上げすゑられたり。（竹取物語）　（　　）

(5) 清盛、嫡男《ちゃくなん》たるによつて、その跡をつぐ。（平家物語）　（　　）

〔意味〕

**ア** 断定　**イ** 伝聞・推定　**ウ** 完了　**エ** 存続

**2** **次の文中の傍線部を現代語訳せよ。**

(1) ①二つ三つばかりなるちごの、急ぎてはひ来る道に、いと小さきちりのありけるを目ざとに見つけて、いとをかしげなるおよびにとらへて、②大人などに見せたる、いとをかし。（枕草子）

①（　　）　②（　　）

**参考**

■ **なり・たり**

〔活用〕

| 基本形 | 未然 | 連用 | 終止 | 連体 | 已然 | 命令 |
|---|---|---|---|---|---|---|
| なり | なら | なり・に | なり | なる | なれ | なれ |
| たり | たら | たり・と | たり | たる | たれ | たれ |

〔接続〕

なり―体言や活用語の連体形

（一部の副詞・助詞）

たり―体言

〔意味〕

断定（…ダ／…デアル）

◆**存在の「なり」**

「なり」の連体形「なる」は、「…ニイル／…ニアル」という「存在」の意味で用いられることがある。

例　春日《かすが》なる三笠《みかさ》の山

◆**「なり」「たり」の語源**

にあり（格助詞「に」＋あり）→なり

とあり（格助詞「と」＋あり）→たり

(2) ①壺なる御薬奉れ。きたなき所の物②きこしめしたれば、御ここちあしからむものぞ。（竹取物語）

①（　　　）　②（　　　）

(3) 男もすなる日記《にき》といふものを、女もしてみむとてするなり。（土佐日記）

（　　　）

(4) 手をおびただしく、はたはたと打つなる。（大鏡）

（　　　）

**3** **次の空欄に、断定の助動詞「なり」「たり」を適切に活用させて入れよ。**

(1) この国に生まれぬると（　　　）ば、嘆かせたてまつらぬ。（竹取物語）

(2) 心はづかしき人、住むなる所（　　　）こそあなれ。（源氏物語）

(3) 敦盛《あつもり》、器量（　　　）によつて持たれたりけるとかや。（平家物語）

(4) 重盛が子供（　　　）て候はずらん者の、殿の御出《ぎよしゆつ》にまゐり給ふて、（平家物語）

■**なり**

**【活用】**

| 基本形 | 未然 | 連用 | 終止 | 連体 | 已然 | 命令 |
|---|---|---|---|---|---|---|
| なり | ○ | なり | なり | なる | なれ | ○ |

**【接続】**活用語の終止形（ラ変型の活用語は連体形）

**【意味】**

伝聞（…ソウダ／…トイウ／…ト聞イテイル）

推定（…ラシイ／…ヨウダ）

◆**「なり」の識別**―接続関係から識別。

連体形＋なり→断定

例 女もしてみむとてするなり

終止形（ラ変型を除く）＋なり→伝聞・推定

例 曹司《ざうし》の方に去《い》ぬ・なり

**さらに知っておこう**

**断定の助動詞「なり」「たり」の語源**

「なり」は「**にあり**」から、「たり」は「**とあり**」から変化したものであり、連用形の「に」や「と」は、この「に・と」が残ったものである。

**推定の助動詞「なり」と「めり」の違い**

・**なり**（←音《ね》あり）――**音や声**を聞いて推定。例 虫の声すなり

・**めり**（←見《み》あり）――**目で見た**ことで推定。例 逢坂《あふさか》の関固《かた》むめり

# 18 助詞①

## 格助詞・副助詞

月　日

解答 別冊16ページ

**1** 次の文中の格助詞「の」の用法をあとから選び、記号で答えよ。

(1) 白き鳥の、嘴と脚と赤き、鴫の大きさなる、水の上に遊びつつ魚を食う。（伊勢物語）（　　）

(2) 月の出でたらむ夜は、見おこせたまへ。（竹取物語）（　　）

(3) 例の狩しにおはします供に、馬の頭《かみ》なりける翁《おきな》つかうまつりけり。（伊勢物語）（　　）

(4) 天人の中に持たせたる箱あり。（竹取物語）（　　）

(5) この国の博士どもの書けるものも、いにしへのはあはれなる事多かり。（徒然草）（　　）

〔用法〕 **ア** 主格　**イ** 連体修飾格　**ウ** 体言の代用　**エ** 同格　**オ** 比喩

**2**☆ 次の文中の格助詞「に」の用法をあとから選び、記号で答えよ。

(1) 三月ばかり①になるほど②に、よきほどなる人③になりぬれば、髪上げなどさうして、髪上げさせ、裳着《も》す。（竹取物語）

(2) 五月ばかりなど④に山里⑤にありく、いとをかし。草葉も水もいと青く見え

参考

■ **格助詞**—体言や連体形につき、下の語に対する関係を示す。

①**が・の**〈体言や連体形に接続〉
主格（…ガ）・連体修飾格（…ノ）・同格（…デアッテ、シカモ…）・体言の代用（…ノモノ）・比喩（…ノヨウニ）

②**を**〈体言や連体形に接続〉
動作の対象（…ヲ）・動作の起点（…ヲ／…カラ）・経過する場所や時（…ヲ／…ヲ通ッテ）

③**に**〈体言や連体形に接続・「動作の目的」を表す場合は、連用形〉
場所や時（…ニ（デ）／…トキニ）・帰着点や対象（…ニ／…ニ対シテ／…ニ向カッテ）・変化の結果（…ニ）・動作の目的（…ニ／…タメニ）・原因（…ニ／…ノタメニ）・受身や使役の対象（…ニ／…ニヨッテ）・比較の基準（…ニ比ベ／…ヨリモ）

④**へ**〈体言に接続〉
動作の方向（…ヘ／…ニ向カッテ）

株式会社 増進堂
受験研究社
**愛読者カード**

本書をお買い上げいただきましてありがとう
ございます。あなたのご意見・ご希望を参考に
今後もより良い本を出版していきたいと思い
ます。ご協力をお願いします。

**1.** この本の書名（本のなまえ）　　お買い上げ

年　月

**2.** どうしてこの本をお買いになりましたか。
□書店で見て　□先生のすすめ　□友人・先輩のすすめ　□家族のすすめ
□塾のすすめ　□WEB・SNSを見て　□その他(

**3.** 当社の本ははじめてですか。
□はじめて　□2冊目　□3冊目以上

**4.** この本の良い点，改めてほしい点など，ご意見・ご希望を
お書きください。

**5.** 今後どのような参考書・問題集の発行をご希望されますか。
あなたのアイデアをお書きください。

**6.** 塾や予備校，通信教育を利用されていますか。
塾・予備校名 [　　]
通信教育名 [　　]

企画の参考，新刊等のご案内に利用させていただきます。　2023.

郵便はがき

5 5 0-0 0 1 3

お手数ですが
切手をおはり
ください。

大阪市西区新町3-3-6
# 受験研究社
愛読者係 行

ご住所 □□□-□□□□

TEL(　　　　　　　　)

お名前　※任意 (男・女)

在学校 □保育園・幼稚園 □中学校 □専門学校・大学 □小学校 □高等学校 □その他(　　　) 学年(歳)

お買い上げ書店名(所在地) 書店(　　市区町村)

すてきな賞品をプレゼント！
お送りいただきました愛読者カードは、毎年12月末にしめきり，抽選のうえ100名様にすてきな賞品をお贈りいたします。

LINEでダブルチャンス！
公式LINEを友達追加頂きアンケートにご回答頂くと，上記プレゼントに加え，夏と冬の特別抽選会で記念品をプレゼントいたします！

当選者の発表は賞品の発送をもってかえさせていただきます。 https://lin.ee/cWvAhtW

わたりたるに、上はつれなくて草生ひしげりたるを、ながながとただざまに行けば、下はえならざりける水の、深くはあらねど、人などのあゆむ⑥に走り上がりたる、いとをかし。（枕草子）

①（　　）②（　　）③（　　）④（　　）⑤（　　）⑥（　　）

〔用法〕 **ア** 場所 **イ** 時間 **ウ** 目的 **エ** 原因・理由 **オ** 対象 **カ** 結果

**3** **次の空欄に入る適切な副助詞をあとから選び、記号で答えよ。**

(1) 花は盛りに、月はくまなきを（　　）見るものかは。（徒然草）

(2) 明くるより暮るる（　　）、東の山ぎはをながめて過ごす。（更級日記）

(3) 三寸（　　）なる人、いとうつくしうてゐたり。（竹取物語）

(4) 風の音《おと》、虫の音《ね》（　　）、はた言ふべきにあらず。（枕草子）

(5) 河原などには、馬・車の行きかふ道（　　）なし。（方丈記）

〔副助詞〕 だに・すら・さへ・のみ・ばかり・まで・し・など

**さらに知っておこう**

✓ **奈良時代の格助詞「よ」「ゆ」「ゆり」**

「よ」「ゆ」「ゆり」は、平安時代の「より」と同様に、起点や経過を表すのに用いられた。例 田子の浦ゆうち出でて見れば

✓ **副助詞「すら」「だに」「さへ」の変遷**

「軽いものをあげて程度の重いものを推測させる」（**類推**〈…デサエモ〉）のに、奈良時代には、「**すら**」が用いられていたが、平安時代には、「**だに**」が、室町時代には、「**さへ**」が用いられた。（「だに」には限定、「さへ」には添加の意味もある。）

**⑤と**〈体言・連体形・引用文に接続〉
共同（…ト／…ト一緒ニ）・結果（…ト）・比較（…ト／…ト比ベテ）・比喩（…ノヨウニ）・引用（…ト／…ト思ッテ）・並列（…ト…ト）

**⑥より・から**〈体言・連体形に接続〉
起点（…カラ）・経過（…ヲ／…ヲ通ッテ）・比較（…ヨリモ）・手段や方法（…デ／…ニヨッテ）・即時（…トスグニ／…ヤイナヤ）・限定（…ヨリ）

**⑦にて**〈体言・連体形に接続〉
場所や時（…デ）・手段や材料（…デ）・原因や理由（…デ／…ニヨッテ）

■ **副助詞**―種々の語につき、下の語に類推・限定・程度・例示などの意味を添える。

# 助詞②

## 接続助詞

月　日
解答 別冊17ページ

**1** **次の文中の傍線部を、順接の接続助詞の用法に注意して現代語訳せよ。**

(1) いと幼ければ籠《こ》に入れて養ふ。（竹取物語）

（　　　　　　　　　　　　）

(2) 悪人のまねとて人を殺さば、悪人なり。（徒然草）

（　　　　　　　　　　　　）

(3) 石山に籠《こも》りたれば、夜もすがら雨ぞいみじく降る。（更級日記）

（　　　　　　　　　　　　）

(4) 瓜《うり》食《は》めば子供思ほゆ栗《くり》食めばまして偲《しの》はゆ（万葉集）

（　　　　　　　　　　　　）

**2** **次の傍線部の逆接の接続助詞の用法をあとから選び、記号で答えよ。また、接続助詞の用法に注意して、傍線部をそれぞれ現代語訳せよ。**

(1) 君来むと言ひし夜ごとに過ぎぬれば頼まぬものの恋ひつつぞ経《ふ》る（伊勢物語）

記号（　　）現代語訳（　　　　　　）

(2) 秋来ぬと目にはさやかに見えねども風の音にぞおどろかれぬる（古今集）

記号（　　）現代語訳（　　　　　　）

(3) いつはりと思ふものから今さらに誰《た》がまことをか我は頼まむ（古今集）

**参考**

■ **接続助詞**—活用語につき、上の語・文節を下に続ける。

**①ば**〈未然形・已然形に接続〉

**・未然形＋ば**

順接の仮定条件（モシ…ナラバ）

**・已然形＋ば**

順接の確定条件

原因・理由（…ノデ／…カラ）

偶然条件（…ト／…タトコロ）

恒常条件（…ノトキハイツモ）

**②と・とも**〈終止形に接続・形容詞型は連用形〉

逆接の仮定条件（タトエ…トシテモ）

**③ど・ども**〈已然形に接続〉

逆接の確定条件（…ケレドモ／…ド）

逆接の恒常条件（…テモ／…トキデモ）

**④が・に・を**〈連体形に接続〉

逆接の確定条件（…ノニ／…ケレドモ）

順接の確定条件（…ノデ／…カラ）

単純な接続（…ト／…トコロガ／…ガ）

◆接続助詞の「が・に・を」は、格助詞から転じた。

記号（　　）現代語訳（　　　　　　　　　　　　　　　　　　）

(4) かばかりになりては、飛び降るるとも降りなむ。（徒然草）

記号（　　）現代語訳（　　　　　　　　　　　　　　　　　　）

(5) 男も女も恥ぢかはしてありけれど、男はこの女をこそ得めと思ふ。（伊勢物語）

記号（　　）現代語訳（　　　　　　　　　　　　　　　　　　）

**3** **次のア・イの文のうち、傍線部が接続助詞のものを記号で答えよ。**

〈用法〉 **ア** 仮定条件を示す　**イ** 確定条件を示す

(1) **ア** 木の陰に降りゐて、乾飯《かれいひ》食ひけり。（伊勢物語）

**イ** 竹の中におはするにて知りぬ。（竹取物語）　（　　）（　　）

(2) **ア** ゆく川の流れは絶えずして、しかも、もとの水にあらず。（方丈記）

**イ** そこなりける岩におよびの血して書きつけける。（伊勢物語）　（　　）（　　）

⑤**て**〈連用形に接続〉

単純な接続（…テ／…デ）

原因・理由（…ノデ／…カラ）

逆接の確定条件

（…ガ／…ノニ／…ケレドモ）

連用修飾語（…デ／…ノ様子デ）

⑥**して**〈連用形に接続〉

単純な接続（…テ／…デ）

◆**「して」の識別**

格助詞の「して」＝体言・連体形＋して

例 水をも手してささげて

接続助詞の「して」＝連用形＋して

例 ゆるくしてやはらかなる時は

**さらに知っておこう**

✓ **接続助詞の用法**

接続助詞の用法は、次のように分類することができる。

・**条件接続**――前の事がらが、あとにくる事がらの条件となる。

**順接**（前提の条件のもとに、あとの事がらが順当に起こる。）

**逆接**（前提の条件とは逆の関係であとの事がらが起こる。）

**仮定条件**（あとの事がらが、まだ起こっていない場合。）

**確定条件**（あとの事がらが、すでに起こっている場合。）

・**単純接続**――前の事がらを、単純にあとの事がらに続けていく。

# 20 助詞③ 接続助詞

解答 別冊18ページ

月　日

**1** 次の文中の傍線部を、接続助詞の用法に注意して現代語訳せよ。

(1) 親のあはすれども、聞かでなむありける。（伊勢物語）
（　　　　）

(2) 野山にまじりて竹を取りつつ、よろづのことに使ひけり。（竹取物語）
（　　　　）

(3) いとけなき子の、なほ乳《ち》を吸ひつつふせるなどもありけり。（方丈記）
（　　　　）

(4) 食ひながら文をも読みけり。（徒然草）
（　　　　）

(5) 身はいやしながら、母なむ宮なりける。（伊勢物語）
（　　　　）

**2**☆ 次の傍線部の助詞の用法と種類をあとから選び、記号で答えよ。

(1) 門に入るに、月明かければ、いとよくありさま見ゆ。（土佐日記）（　　）（　　）

(2) すずめの子を犬君《いぬき》が逃がしつる。（源氏物語）（　　）（　　）

参考

⑦で〈未然形に接続〉
打消接続（…ナイデ／…ナクテ）
◆打消の助動詞「ず」＋接続助詞「て」のつづまったもの。

⑧つつ〈連用形に接続〉
反復・継続（…シテハ／…シ続ケテ）
同時・並行（…ナガラ）

⑨ながら〈連用形・形容詞の語幹などに接続〉
同時・並行（…ナガラ）
逆接の確定条件（…ノニ／…ケレド）

⑩ものの・ものを・ものから〈連体形に接続〉
逆接の確定条件（…ノニ／…ケレドモ）

⑪ものゆゑ〈連体形に接続〉
順接の確定条件（…ノデ／…ダカラ）
逆接の確定条件（…ノニ／…ケレドモ）
◆「ものから」も、中世以降は、順接の確定条件を表すようになる。

(3) 境を出でて下総《しもふさ》のいかたといふ所に泊まりぬ。（更級日記）（　　）

(4) 涙のこぼるるに、目も見えず、物もいはれず。（伊勢物語）（　　）

(5) 昔より多くの白拍《しらびやう》子《し》ありしが、かかる舞はいまだ見ず（平家物語）（　　）

(6) 東の方に住むべき国求めにとて行きけり。（伊勢物語）（　　）

(7) 都へと思ふをものの悲しきはかへらぬ人のあればなりけり（土佐日記）（　　）

(8) 十月つごもりなるに、紅葉《もみぢ》散らで盛りなり。（更級日記）（　　）

(9) わが弓の力は強きを、竜あらば、ふと射殺して首の玉は取りてむ。（竹取物語）（　　）

〈用法と種類〉

**ア** 主格を示す格助詞　**イ** 動作の目的を示す格助詞

**ウ** 動作の起点を示す格助詞　**エ** 単純な接続を示す接続助詞

**オ** 逆接を示す接続助詞　**カ** 順接を示す接続助詞

■ **助詞「が」「に」「を」の識別**

**①格助詞の「が・に・を」**

・体言や活用語の**連体形**に接続し、「が」は主格・連体修飾格を、「に・を」は連用修飾格を示す。

・連体形に接続する場合には、その間に体言を補うことができる。

**②接続助詞の「が・に・を」**

・**連体形**に接続し、単純な接続や順接・逆接の確定条件を表す。（ただし、「が」には、順接の確定条件の用法はない。）

・連体形に接続する場合でも、その間に体言を補うことはできない。

**③間投助詞の「を」**

・**文節**の終わりに用いられ、詠嘆を表したり、語調を整えたりする。

例 昨日今日とは思はざりしを

**さらに知っておこう**

**✓つつ止め**

和歌の終りに「つつ」が用いられ、**余情・詠嘆**（…テイルコトヨ）を表すことがある。これを「つつ止め」という。

例・君がため春の野に出《い》でて若菜つむ
わが衣《ころも》手《で》に雪は降りつつ（古今集）

・田子の浦にうち出でて見れば
白妙《しろたへ》の富士の高嶺《たかね》に雪は降りつつ（新古今集）

# 21 助詞④ 係助詞

月　日

解答 別冊18ページ

**1** **次の文中の〈　〉内の語を、適切に活用させて（　）に入れよ。**

(1) 雪の降りたるは、言ふべきにもあら（　〈ず〉　）。（枕草子）

(2) ものの音《ね》も、ただ夜ぞひときは（　〈めでたし〉　）。（枕草子）

(3) 駿河《するが》の国にある山なむ、この都近く、天も近く（　〈侍り〉　）。（竹取物語）

(4) この鏡には、文や添ひたり（　〈き〉　）。（更級日記）

(5) いづれの山か天に（　〈近い〉　）。（竹取物語）

(6) 折節《をりふし》の移り変はるこそ、物ごとに（　〈あはれなり〉　）。（徒然草）

**2** **次の文中の傍線部を、係助詞に注意して現代語訳せよ。**

(1) 懈怠《けだい》の心あることを知らむや。（徒然草）

（　　　　　　　　　　）

(2) 生きとし生けるもの、いづれか歌をよまざりけり。（古今集）

（　　　　　　　　　　）

(3) よき人は、知りたる事とて、さのみ知り顔にやは言ふ。（徒然草）

（　　　　　　　　　　）

**参考**

■ **係助詞**—種々の語につき、文の結びに一定の言い方を要求する。

**①は**
取り立てて示す・区別（…ハ）
◆格助詞「を」＋は→をば（濁音化）
文末の「は」＝終助詞（詠嘆）

**②も**
並列・列挙（…モ…モ）
同種のものを暗示（…モマタ）
強意（チョウド…モ／イマサラ…モ）
◆文末の「も」＝終助詞（詠嘆）

**③ぞ・なむ・こそ**
強意（「きっと」「かならず」「いちばん」などの語を添えて訳し、強意を表す。）
◆文末の「なむ」＝終助詞（ほかへの願望）

**④や（やは）・か（かは）**
疑問（…カ）
反語（…カ、イヤ…ナイ）

(4) 隔てなく馴《な》れたる人も、程経て見るは恥づかしからぬかは。（徒然草）

（　　　　）

**3☆ 次の傍線部の係助詞の結びの語について説明せよ。**

(1) ひとり歩かむ身は、心すべきことにこそ。（徒然草）

（　　　　）

(2) これなむ都鳥。（伊勢物語）

（　　　　）

(3) たとひ耳鼻こそ切れ失すとも、命ばかりは、などか生きざらむ。（徒然草）

（　　　　）

(4) 人々なむ別れがたく思ひて、しきりにとかくしつつ、ののしるうちに夜ふけぬ。（土佐日記）

（　　　　）

■ **係り結びの法則**

文中に係助詞「ぞ・なむ・や・か」が用いられた場合は文末を連体形で、「こそ」が用いられた場合は已然形で結ぶ。

| 【係助詞】 | 【結びの語】 |
|---|---|
| ぞ・なむ・や・か | → 連体形 |
| こそ | → 已然形 |

**①結びの省略**

A　まことにあいなきにや。（あらむ）

B　この名をつけけるとぞ。（いふ）

**②結びの消滅・消去**（結びの流れ）

C　慰まんこそ、うれしかるべきに、

◆Cは、結びとなる「べし」が接続助詞「に」を伴って文が続いているため、結びが消滅している。

**さらに知っておこう**

✓**反語の「めやも」**（…ダロウカ、イヤ…ナイ）

「めやも」＝推量の助動詞「む」の已然形＋係助詞「や」＋終助詞「も」

例　紫のにほへる妹《いも》の憎くあらば人妻ゆゑに我《あ》れ恋ひめやも（万葉集）

✓**呼びかけ・願望の「こそ」**

・**呼びかけ**――例　北殿こそ、聞きたまふや。（北隣リサンヨ）

・**願望**――例　梅が花散らずありこそ（散ラナイデホシイ）

# 22 助詞⑤

## 終助詞・間投助詞

月　日

解答 別冊19ページ

**1** 次の文の傍線部を現代語訳せよ。

(1) ほととぎすの声たづね行かばや。（枕草子）
（　　　　）

(2) あやまちすな。心して降りよ。（徒然草）
（　　　　）

(3) もの知らぬことなのたまひそ。（竹取物語）
（　　　　）

(4) 惟光《これみつ》、とく参らなむ。（源氏物語）
（　　　　）

(5) 心あらむ友もがなと、都恋しうおぼゆ。（徒然草）
（　　　　）

(6) いかでこのかぐや姫得てしがな、見てしがな。（竹取物語）
（　　　　）

(7) 情けなうも、討ちたてまつるものかな。（平家物語）
（　　　　）

**参考**

■ **終助詞**―文末に用いて、種々の意味を添える。

①**な**〈終止形に接続。ラ変型は連体形〉
禁止（…スルナ）

②**そ**（な…そ）
〈連用形に接続。カ変・サ変は未然形〉
禁止（…スルナ）

③**ばや**〈未然形に接続〉
自己の希望（…シタイ）

④**なむ**〈未然形に接続〉
ほかへの願望（…シテホシイ）

⑤**もが・もがな**
〈体言・形容詞の連用形などに接続〉
ほかへの願望（…シテホシイ／…ダッタラナア／…アレバヨイ）

⑥**てしが・てしがな**
**にしが・にしがな**〈連用形に接続〉
自己の希望（…シタイモノダ）

(8) われはこの頃わろきぞかし。（更級日記）　（　　）

**2** **次の間投助詞の用法をあとから選び、記号で答えよ。**

(1) 人には木の葉のやうに思はるるよ。（徒然草）　（　　）

(2) 朝臣《あそん》や、さやうの落葉だに拾へ。（源氏物語）　（　　）

(3) あな、たふとのけしきや。（徒然草）　（　　）

(4) いかで、なほ少しひがごと見つけてを、やまぬ。（枕草子）　（　　）

(5) 少納言よ、香炉峰の雪いかならむ。（枕草子）　（　　）

〔用法〕

**ア** 詠嘆　**イ** 呼びかけ　**ウ** 強意

**⑦な**〈文末に用いる〉

詠嘆（…ナア／…コトヨ／…ネエ）

**⑧か・かな**〈体言・連体形に接続〉

詠嘆（…ナア／コトヨ／…ネエ）

**⑨かし**〈文末に用いる〉

強意（…ヨ／…ダヨ）

■ **間投助詞**―文末に用いて、感動・呼びかけなどを表す。

**①や・よ**

詠嘆（…ダナア／…ヨ／…コトヨ）

呼びかけ（…ヨ）

**②を**

強意（特に訳さなくてもよい。）

◆文末に用いて詠嘆（…ヨ／…ネエ）を表す場合もある。

### さらに知っておこう

**万葉集時代の終助詞**

- **な**――例 いざ野に行かな（さあ、野に行こう）
- **なも**――例 雲だにも情《こころ》あらなも（せめて雲だけでも心があってほしい）
- **ね**――例 雪な踏みそね（雪を踏んではなりません）
- **がね**――例 語り継ぐがね（語り継いでほしい）
- **もがも**――例 天橋《あまはし》も長くもがも（天上への橋も長くあってほしい）
- **も**――例 うぐひす鳴くも（うぐいすが鳴いているなあ）
- **かも**――例 春になりにけるかも（春になったなあ）

# 23 敬語①

## 尊敬語・謙譲語・丁寧語

月　日

解答 ➡ 別冊20ページ

**1 次の傍線部の敬語の種類をあとから選び、記号で答えよ。**

(1) いかなる所にか、この木はさぶらひけむ。（竹取物語）　（　　）

(2) かぐや姫を養ひたてまつること二十余年になりぬ。（竹取物語）　（　　）

(3) これを聞きて、かぐや姫すこしあはれとおぼしけり。（竹取物語）　（　　）

(4) この石いかなる山にかはべりし。（竹取物語）　（　　）

(5) かぐや姫、いといたく泣きたまふ。（竹取物語）　（　　）

(6) 薬の壺に、文《ふみ》添へて参らす。（竹取物語）　（　　）

〔種類〕

ア 尊敬語　イ 謙譲語　ウ 丁寧語

**2 各組の傍線部の敬語の違いに注目し、それぞれの敬語について説明せよ。**

(1) ① いで、あな幼や。いふかひなうものしたまふかな。（源氏物語）

② 疾《と》く往《い》なむと思ふに、大御酒《おほみき》たまひ、禄《ろく》たまはむとてつかはさざりけり。（伊勢物語）

①（　　）　②（　　）

(2) ① かほどの者、いかでか君に仕うまつりさぶらふべき。（徒然草）

---

**参考**

■**尊敬語**（オ…ナサル／オ…ニナル）

話し手（書き手・作者）が動作をする人（話題の人物）を高めて、その人に敬意を表すのに用いる。

**①尊敬の動詞**

あり・をり―ます・います・まします・おはす・おはします・いまそかり

行く・来―ます・います・まします・おはす・おはします

言ふ―仰す・のたまふ・のたまはす

思ふ―おぼす・おもほす・おぼしめす

聞く―きこす・きこしめす

与ふ―たまふ・たぶ・たうぶ

**②尊敬の補助動詞**

たまふ〈四段活用〉・おはす・めす・おはします

■**謙譲語**（申シ上ゲル・イタダク・イタス）

話し手が動作をする人を低めることで、動作を受ける人に敬意を表すのに用いる。

**①謙譲の動詞**

仕ふ・あり・をり―はべり・さぶらふ

行く・来―まかる・まかづ・参る

言う―申す・聞こゆ・奏す・啓す

② いづれの御時《おほんとき》にか、女御《にょうご》更衣《かうい》あまたさぶらひ給ひける中に、（源氏物語）

①（　　　　）②（　　　　）

(3) ① 日頃はべりたうぶなり。（宇津保物語）

② かの白く咲ける花をなむ夕顔と申しはべる。（源氏物語）

①（　　　　）②（　　　　）

## 3 次の文中の傍線部を品詞分解せよ。

雪のいと高う降りたるを、例ならず御格子《みかうし》まゐりて、炭櫃《すびつ》に火おこして、物語などして集まりさぶらふに、「少納言よ、香炉峰の雪いかならむ」と①仰せらるれば、御格子上げさせて、御簾《みす》を高く上げたれば、笑は②せたまふ。（枕草子）

①（　　　　）

②（　　　　）

思ふ―存ず
聞く―うけたまはる
与ふ―たてまつる・参らす

**②謙譲の補助動詞**
たまふ〈下二段活用〉・まゐる・まうす

■**丁寧語**（…デス／…マス／…ゴザイマス）
話し手が聞き手（読み手）に敬意を表すのに用いる。

**①丁寧の動詞**
あり・をり―はべり・さぶらふ

**②丁寧の補助動詞**
はべり・さぶらふ〈四段活用〉

### さらに知っておこう

**✓たまふ**
・**尊敬語**＝四段活用（オ与エニナル／オ…ナサル）
例・かづけ物たまふ（動詞）　・いたく泣きたまふ（補助動詞）
・**謙譲語**＝下二段活用（イタダク／…サセテイタダク）
例・水をたまへな（動詞）　・見たまふるにつけて（補助動詞）

**✓はべり・さぶらふ**
・**丁寧語**としての「はべり」は平安時代に用いられ、鎌倉時代以降は「さぶらふ」が用いられるようになる。

# 24 敬語②

## 特別な敬語表現

月　日

解答 ▶ 別冊21ページ

**1**★ **次の文章を読んで、あとの問いに答えよ。**

このおとど（菅原道真《みちざね》公）子どもあまたAおはせしに、女君たちは婿《むこ》どりし、男君たちは皆①ほどほどにつけて位どもおはせしを、それも皆かたがたに流されたまひて悲しきに、幼くおはしける男君・女君たち、慕い泣きてBおはしければ、ちひさきは、あへなむと、②おほやけも許さしめたまひしかば、③共にゐて下りたまひしぞかし。帝の御おきてきはめてあやにくにCおはしませば、この御子どもを同じ方にだに遣はさざりけり。方々に、いと悲しくDおぼしめして、御前の梅の花を御覧じて、

東風《こち》吹かばにほひおこせよ梅の花あるじなしとて春な忘れそ

また、④亭子《ていじ》の帝に聞こえさせたまふ。

流れ行くわれはみくづとなりはてぬ君しがらみとなりてとどめよ

なきことによりて、かく罪せられたまふをからくEおぼし嘆きて、⑤やがて山崎にて出家せしめたまひてけり。（大鏡）

(1) 二重傍線部A～Eの尊敬語は、誰に対して敬意を表したものか。文中の言葉で答えよ。

**参考**

■ **特別な敬語表現**

**①二方面への敬語**

一つの動作に対して、話し手が「動作をする人」と「動作を受ける人」の両者を同時に敬う表現をいう。

例 かぐや姫「もの知らぬこと、なのたまひそ」とて、いみじく静かに、おほやけに御文たてまつりたまふ。

・**たてまつる**（謙譲語）

書き手（作者）が動作の主体である「かぐや姫」を低めることによって、受け手である「天皇」への敬意を表す。

・**たまふ**（尊敬の補助動詞）

動作の主体である「かぐや姫」に対する書き手の敬意を表す。

**②二重尊敬**

天皇・皇后などの最高階級の人、あるいは、それに準ずる人に対してのみ用いられる敬語表現をいう。

例 大臣《おとど》の御里に、源氏の君まかでさせ給ふ。

A（　　　　）　B（　　　　）

C（　　　　）　D（　　　　）　E（　　　　）

(2) 傍線部①〜⑤を敬語に注意しながら適切に現代語訳せよ。

①（　　　　）

②（　　　　）

③（　　　　）

④（　　　　）

⑤（　　　　）

(3)「東風吹かば」の歌に用いられている修辞法を、歌の中から具体例をあげてわかりやすく説明せよ。

（　　　　）

**③絶対敬語**
動作を受ける人が最高階級の人である場合のみに用いられる敬語をいう。
- **奏す**…天皇のみ。
- **啓す**…天皇・皇后・皇太子のみ。

**④自敬表現**（自尊敬語）
天皇など、特に身分の高い人が、自分の行為に対して自分自身で尊敬語を用いたり、あるいは、相手の行為に謙譲語を用いたりして、自分を敬う表現。

例 （帝が翁に）「汝《なんぢ》が持ちてはべるかぐや姫奉れ（謙譲）。顔かたちよしと聞こしめし（尊敬）て、御使ひを賜《た》び（尊敬）しかど、かひなく見えずなりにけり」と仰せらる。

## さらに知っておこう

**大　鏡**（歴史物語。成立年・作者未詳）
百九十歳の大宅世継《おおやけのよつぎ》と百八十歳の夏山繁樹《なつやまのしげき》という老人が、百七十六年間にわたり見聞してきたことを若侍に語るという構成で、**紀伝体形式**で書かれている。

**絶対敬語**
御幸《みゆき》・行幸（天皇・上皇・法皇・女院の外出）、御製《ぎょせい》（天皇・皇族が作った漢詩や和歌）、玉顔（天皇のお顔）、玉座（天皇の御座席）、大殿《おほとの》籠る（天皇・貴人がおやすみになること）

# 25 まぎらわしい語の識別 ①「なむ・なり・に・ぬ」

月　日

解答 別冊22ページ

**1 次の文中の傍線部「なむ」の文法上の違いを説明せよ。**

(1) 名をばさかきの造《みやつこ》となむいひける。（竹取物語）
（　　　　）

(2) いつしかその日にならなむ。（枕草子）
（　　　　）

(3) 死なば一所で死なむ。（平家物語）
（　　　　）

(4) 子といふもの、なくてありなむ。（徒然草）
（　　　　）

**2 次の文中の傍線部「なり」の文法上の違いを説明せよ。**

(1) 世の不思議を見ること、ややたびたびになりぬ。（方丈記）
（　　　　）

(2) 昔より、賢き人の富めるはまれなり。（徒然草）
（　　　　）

(3) 富士川といふは、富士の山より落ちたる水なり。（更級日記）
（　　　　）

(4) 明け果てぬなり。帰りなむ。（枕草子）
（　　　　）

**3 次の文中の傍線部「に」の文法上の違いを説明せよ。**

(1) ほのかにうち光りてゆくもをかし。（枕草子）
（　　　　）

**参考**

**①なむ**
・完了の助動詞「ぬ」（強意）の未然形「な」＋推量の助動詞「む」の終止・連体形〈連用形に接続〉
・終助詞（ほかへの願望）〈未然形に接続〉
・係助詞（強意）〈体言・活用語の連体形・助詞などに接続〉
・ナ変動詞の未然形活用語尾＋推量の助動詞「む」（意志）の終止・連体形〈ナ変動詞は「往《い》ぬ」「死ぬ」のみ〉

**②なり**
・ナリ活用の形容動詞の活用語尾〈「なり」の前は語幹なので、主語にならない。上に連用修飾語がつく。〉
・断定の助動詞〈体言・活用語の連体形に接続〉
・伝聞・推定の助動詞〈活用語の終止形に接続。ラ変型は連体形〉
・四段動詞の連用形〈述語になる。〉

**③に**
・ナリ活用の形容動詞の活用語尾〈連用形の活用語尾〉

(2) 一夜のうちに塵灰《ちりはひ》となりにき。（方丈記）（　　　）
(3) 異心《ことごころ》ありて、かかるにやあらむ。（伊勢物語）（　　　）
(4) 桂川、月の明きにぞ渡る。（土佐日記）（　　　）
(5) 十月つごもりなるに、紅葉散らで盛りなり。（更級日記）（　　　）
(6) その子死して、すでに二年《ふたとせ》なり。（今昔物語）（　　　）

**4** **次の文中の傍線部「ぬ」の文法上の違いを説明せよ。**

(1) 翁、竹を取ること久しくなりぬ。（竹取物語）（　　　）
(2) 京にも見えぬ鳥なれば、みな人見知らず。（伊勢物語）（　　　）
(3) その思ひまさりて深きもの、必ず先立ちて死ぬ。（方丈記）（　　　）
(4) ここは、けしきある所なめり。ゆめ寝《い》ぬな。（更級日記）（　　　）

- 断定の助動詞「なり」の連用形〈体言・連体形などに接続〉
- 完了の助動詞「ぬ」の連用形〈連用形に接続〉
- 格助詞〈体言・連体形に接続。「に」の前に体言が補える。〉
- 接続助詞〈連体形に接続。「に」の前に体言が補えない。〉
- 副詞の一部〈活用がない。〉

④ぬ
- 打消の助動詞「ず」の連体形〈未然形に接続。下に体言がつく。〉
- 完了の助動詞「ぬ」の終止形〈連用形に接続〉
- ナ変動詞の終止形活用語尾
- ナ行下二段活用の動詞の活用語尾〈終止形の活用語尾〉

### さらに知っておこう

**和歌の修辞法 ①**

**枕詞《まくらことば》**——足引きの（山）・梓弓《あづさゆみ》（張る・引く）・天離る《あまさか》（日・鄙《ひな》）・新玉《あらたま》の（年・春）・青丹《あをに》よし（奈良）・唐衣《からころも》（着る）・草枕（旅）・白妙《しろたへ》の（衣・雪）・久方《ひさかた》の（天・光）

**序詞**——枕詞と同様に、ある語句を**引き出すため**に用いる。

例 足引きの山鳥の尾のしだり尾の長々し夜を一人かも寝む（山鳥の「しだり尾」が長いというところから、「長々し」という語を引き出している。）

# 26 まぎらわしい語の識別 ②
## その他の語

月　日

解答 別冊23ページ

**1** 次の文中の傍線部「らむ」の文法上の違いを説明せよ。

(1) 文書き置きてまからむ。（竹取物語）
（　　　）

(2) 何せむにか命も惜しからむ。（竹取物語）
（　　　）

(3) などや苦しきめを見るらむ。（更級日記）
（　　　）

(4) 生けらむほどは、武に誇るべからず。（徒然草）
（　　　）

**2** 次の文中の傍線部「る」の文法上の違いを説明せよ。

(1) 冬はいかなる所にも住まる。（徒然草）
（　　　）

(2) 野中の丘だちたる所に、ただ木ぞ三つたてる。（更級日記）
（　　　）

---

**参考**

**⑤らむ**
- ラ行四段・ラ変活用の動詞活用語尾＋推量の助動詞「む」の終止・連体形〈未然形活用語尾〉
- 完了の助動詞「リ」の未然形＋推量の助動詞「む」の終止・連体形〈四段動詞の已然形、サ変の未然形に接続〉
- 現在推量の助動詞「らむ」〈終止形に接続。ラ変型は連体形。〉

**⑥る**
- 受身(可能・自発・尊敬)の助動詞の終止形〈四段・ナ変・ラ変の未然形〉
- 完了の助動詞「リ」の連体形〈四段は已然形、サ変は未然形に接続。四段・サ変動詞の命令形に接続するという説もある。〉
- ラ行四段動詞の活用語尾〈終止形・連体形活用語尾〉

■ **ほかによく出る語の識別**

**①けれ**
- 過去の助動詞「けリ」の已然形
- 形容詞の活用語尾

**3** **次の文中の傍線部「れ」の文法上の違いを説明せよ。**

(1) 大将暇《いとま》申して、福原へこそ帰られけれ。（平家物語）
（　　　　）

(2) いと思ひのほかなる人の言へれば、人々あやしがる。（土佐日記）
（　　　　）

**4** **次の傍線部の語の説明として適切なものをあとから選び、記号で答えよ。**

(1) 野分のまたの日こそ、いみじうあはれにをかしけれ。（徒然草）（　　）

(2) 名にし負はばいざ言問はん都鳥わが思ふ人はありやなしやと（伊勢物語）（　　）

(3) 都をば霞とともに立ちしかど秋風ぞ吹く白河の関（後拾遺集）（　　）

(4) わが心のうちも、かかることのいつぞやありしかと覚えて、（徒然草）（　　）

(5) かかるわざをして、さいなまるるこそいと心づきなけれ。（源氏物語）（　　）

**ア** 過去の助動詞の連体形　**イ** 過去の助動詞の已然形
**ウ** 過去の助動詞の連体形＋係助詞　**エ** サ変動詞の連用形
**オ** 形容詞の已然形活用語尾　**カ** 助詞、あるいは助詞の一部

・カ行四段動詞活用語尾＋完了の助動詞「り」の已然形
**②しか**
・過去の助動詞「き」の已然形
・過去の助動詞「き」の連体形＋係助詞
・終助詞の一部
**③たり**
・完了の助動詞「たり」
・断定の助動詞「たり」
・形容動詞の活用語尾
**④を**
・格助詞
・接続助詞
・間投助詞
**⑤れ**
・完了の助動詞「り」の已然形
・尊敬の助動詞「る」の連用形

**さらに知っておこう**

**和歌の修辞法 ②**

**掛詞《かけことば》**――同音の一語で、**二つ以上の意味を表す**のに用いる。
例 山里は冬ぞ寂しさまさりける人目も草もかれぬと思へば
（「かれ」に、「離《か》れ」と「枯《か》れ」とが掛けてある。）

**縁語**――歌中で、意味的に**関連の深い語**を意識的に用いる。
例 青柳《あをやぎ》の糸よりかくる春しもぞ乱れて花のほころびにけり
（「糸」に関連の深い「よりかく」「乱れ」「ほころび」が縁語となっている。）

装丁デザイン　ブックデザイン研究所
本文デザイン　A.S.T DESIGN

大学入試 ステップアップ 古典文法【標準】

編著者　大学入試問題研究会
発行者　岡　本　泰　治
印刷所　寿　印　刷

発行所　受験研究社

© 株式会社 増進堂・受験研究社

〒550-0013 大阪市西区新町2丁目19番15号
注文・不良品などについて：(06)6532-1581(代表)／本の内容について：(06)6532-1586(編集)

注意 本書を無断で複写・複製(電子化を含む)して使用すると著作権法違反となります。

Printed in Japan　高廣製本
落丁・乱丁本はお取り替えします。

## 01 文語と口語・単語と品詞 …… 4・5ページ

**1** ①を ②ゐ ③ふ ④え ⑤ゑ ⑥ひ

**2** ①う ②い ③ん ④い ⑤い

**3** (1)感動詞 (2)副詞 (3)形容動詞 (4)助動詞 (5)副詞 (6)助詞 (7)接続詞 (8)連体詞 (9)形容詞 (10)名詞 (11)連体詞 (12)形容動詞

**4** (1)十〈別解〉九 (2)十五

**5** ①動詞 ②形容動詞 ③感動詞 ④助動詞 ⑤助詞

**ポイント**

◆口語文で使われる「**現代仮名遣い**」と文語文で使われる「**歴史的仮名遣い**」の違いを理解しよう。また、単語の品詞については、十の品詞があることを確認しよう。

**解説**

**1** 古来、「いろは歌」は弘法大師の作とされてきたが、現在では否定されている。平安時代中期のころに書き分けられていた四十七文字をすべて用いて、七五調四句の「今様《いまよう》」の形式で詠《よ》まれている。「にほへと」(ニオエド)、「ならむ」(ナラン)、「うゐ」(ウイ)、「けふ」(キョウ)、「みし」(ミジ)、「ゑひ」(エイ)、「せす」(セズ)などの語については、仮名遣い(歴史的仮名遣い)や読み方に注意したい。

ひっぱると、はずして使えます。

◆**「いろは歌」の意味**

色は匂へど　散りぬるを
(花は色美しく咲いていても、すぐに散ってしまうのに、)
わが世誰ぞ　常ならむ
(この世の中でいったい誰が、常に同じ状態でおられようか、いや誰もおられはしない。すべてが変転無常なのだ。)
有為の奥山　今日越えて
(変転無常な出来事が山のように積もり、過ごしにくいこの世の中を、今日もやっと乗り越えて来て、)
浅き夢見じ　酔ひもせず
(人生において、ほんのしばらく楽しい夢を見たり、それにいつまでも酔ったりするようなことは、もうすまい。)

**4** (1)「家／の／作りやう／は(、)／夏／を／むね／と／す／べし(。)」で十単語。ただし、「むねと」で一単語として考えることも可能。

◆品詞の分類表

**単語**
- **自立語**
  - 活用のあるもの……単独で述語になるもの……(用言)
    - ウ(イ)段の音で言い切る……**動詞**
    - 「し」で言い切る……**形容詞**
    - 「なり・たり」で言い切る……**形容動詞**
  - 活用のないもの
    - 主語になるもの……(体言)……**名詞**
    - 主語にならないもの
      - 修飾語となるもの
        - 用言を修飾……**副詞**
        - 体言を修飾……**連体詞**
      - 修飾語とならないもの
        - 接続させるもの……**接続詞**
        - 感動の意を示す……**感動詞**
- **付属語**
  - 活用のあるもの……**助動詞**
  - 活用のないもの……**助詞**

**現代語訳**

**2** 今ではもう昔のことだが、竹取の翁というものがあった。野や山に入って竹を取っては、いろいろなことに使っていた。その名前を、さかきの造といった。（いつものように竹を取っていると）その竹の中に、根元が光っている竹が一本あった。不思議に思って近寄って見ると、竹の筒の中が光っていた。それを見ると、背丈が三寸（＝約九センチメートル）ぐらいの人が、（竹の中に）とてもかわいらしい様子で座っていた。

**4** (1) 家の作り方は、夏（の過ごしやすさ）を心がけるのがよい。

(2) ある人が弓を射ることを習うとき、二本の矢を手にはさみ持って的に向かう。

**5** これも今では昔のことだが、比叡《ひえい》山に（一人の）稚児《ちご》がいた。僧侶たちが、宵《よい》のひまにまかせて（あまりにも退屈なので）「さあ、ぼたもちを作りましょう」と言ったのを、この稚児は（自分を起こしてくれることを）期待しながら聞いていた。

## 02 動詞 ① …………… 6・7ページ

**1** **ウ・オ・カ・ク・コ**

**2** （書く）（か）・（か）・き・（く）・く・け・（け）・カ（行）
（呼ぶ）よ・ば・び・ぶ・ぶ・べ・べ・（バ行）

**3** (1)命令　(2)連用　(3)①未然　②終止　(4)連体　(5)已然

**4** ①持た　②奉れ　③きこしめし　④持て寄り　⑤たまひ　⑥脱ぎ置く　⑦包ま　⑧包ま　⑨待て　⑩なる　⑪言ひ置く　⑫言ひ　⑬書く　⑭心もとながり

**解説**

**1** **ア**は下一段活用、**イ**は上一段活用、**エ**は下二段活用、**キ**はナ行変格活用、**ケ**は上二段活用、ほかは四段活用。

**2** まず何行の動詞かを考え、カ行なら〔K〕、バ行なら〔B〕の子音に、〔a・i・u・u・e・e〕の母音を続ける。「書く」は力行、「呼ぶ」はバ行四段活用の動詞。

**4** 活用形を、（　）の直後との接続関係から考えてみよう。
①未然形＋使役の助動詞「す」　②命令形（言い切り）　③連用形＋完了の助動詞「たり」　④連用形＋完了の助動詞「たり」　⑤連用形＋接続助詞「て」　⑥連体形＋名詞「衣」　⑦未然形＋意志の助動詞「む」　⑧未然形＋使役の助動詞「す」　⑨命令形（言い切り）　⑩連体形＋断定の助動詞「なり」　⑪終止形＋当然の助動詞「べし」　⑫連用形＋接続助詞「て」　⑬終止形（言い切り）　⑭連用形＋動詞「給ふ」

**現代語訳**

**3** (1) 早く船に乗りなさい。日も暮れてしまいます。

(2) 神様に参拝するのが本来の目的だと思って、山（の上）までは見ませんでした。

(3) 帳台（几帳《きちょう》）の中から外にも出さず、大切に育てる。

(4) ほととぎすが鶯に劣ると言う人は、ひどく薄情で憎らしい。

(5) 物語をすべて読んでしまいたいと思うけれど、読むことができない。

**4** 天人の中（のある者）に持たせてあった箱がある。（その中には）天の羽衣が入っている。またある箱には、不死の薬が入っている。一人の天人が言うことには、「壺の中のお薬を召し上がれ。汚い所（＝下界）の物をお召し上がりになったので、きっとお心持ちが悪いことでしょうよ」と言って、（壺を）持って側に寄ったので、（姫は薬を）ちょっとおなめになって、少しばかり形見として、脱いで置いた着物に(薬を)包もうとすると、側にいる天人が包ませない。(そして、姫に)天の羽衣を(箱から)取り出して着せようとする。その時に、かぐや姫は「しばらく、待ちなさい」と言う。「天の羽衣を着せてしまった人は、心が(天人の心に)変わってしまうのだと言います。(その前に)ひとこと言い残して置かねばならないことがありました」と言って、手紙を書く。天人は遅いと待ち遠しく思っておられる。

## 03 動詞② 8・9ページ

**1** (上一段)**オ・ケ**　(上二段)**ウ・エ・カ**
(下一段)**イ**　(下二段)**ア・キ・ク・コ**

**2** (似る)(に)・(に)・に・にる・(にる)・にれ・によ・(ナ行上一段)
(蹴る)け・け・(ける)・ける・けれ・(けよ)・カ行下一段
(落つ)(お)・(ち)・ち・つ・(つる)・つれ・ちよ・タ行上二段
(据う)(す)・ゑ・ゑ・(う)・うる・(うれ)・ゑよ・(ワ行下二段)

**3** (1)ダ・下二段　(2)ワ・上一段　(3)ハ・下二段
(4)カ・下一段　(5)バ・上二段

**4** (上二段)おるる・連体／おりよ・命令／飛びおる・終止／おり・連用
(下二段)おきて・連用／のぼせ・連用／見え・連用／かけ・連用／恐れ・連用

**解説**

**1** 上一段活用の動詞は「きみに、ひいきしてゐる。」〈着見似(煮)、干射きして居(率)る。〉などと覚えるとよい。ただし、上一段活用には「顧みる」「試みる」「率ゐる」などの複合語があることにも注意しよう。

**2** 「落つ」「据う」などは、言い切りの形が口語(落ちる・据える)と異なるので注意したい。

**現代語訳**

**3** (1) ただ一人で、歩いて(八幡宮に)お参りをした。
(2) 女(＝翁の妻)が抱いて座っていたかぐや姫は、家の外に出ていってしまった。
(3) 今すでに五年の歳月が過ぎてしまった。
(4) 帯刀たちを使って蹴とばさせようか。
(5) 絹の着物がたいそうひどくほころびて切れている。

**4** 木登りの名人といわれた男が、人(＝自分の弟子)を指図して高い木に登らせて、梢を切らせた時に、たいへん危なく見えたうちには、何も言わないで、降りる時に、軒の高さ程になってから、「失敗をするな。気をつけて降りろ」と声をかけましたので、「この程度の高さになったら、飛び降りようとすれば降りられるだろう。どうしてこのように言うのか」と申しましたところ、「そこでございます。目がくらむような、枝が(折れそうで)危ない所では、自分自身で用心していますので(私は)何も申しません。過失というものはやさしい所になって必ずしでかすものです」と答えた。

## 04 動詞 ③ 10・11ページ

1 (1)こ・き・く・くる・くれ・こ
(2)せ・し・す・する・すれ・せ

2 (1)来・命令 (2)来・連用 (3)軽んじ・連用／重んず・終止
(4)おはする・連体

3 (1)死ぬる (2)死な (3)往な (4)往ぬる

4 (1)あり (2)居り (3)侍り (4)いますかり

**解説**

1 「来ぬ」は、「きぬ」と読めば「来た」という意味になり、「こぬ」と読めば「来ない」という意味になることをおさえておく。（「ぬ」には、連用形に接続する完了の助動詞の終止形と、未然形に接続する打消の助動詞「ず」の連体形とがある。）

3 活用形を、（ ）の直後との接続関係から考えてみよう。
(1) 連体形＋名詞「人」 (2) 未然形＋意志の助動詞「む」
(3) 未然形＋意志の助動詞「むず」 (4) 連体形＋名詞「顔」

**現代語訳**

2 (1) 「夜になって、この寮にやって来なさい」とおっしゃってお帰しになった。
(2) 天上にある河原に私は来てしまった。
(3) 命のほうを軽視して、義（＝正義・忠義）のほうを重視する。
(4) 竹の中にいらっしゃったので知った。

3 (1) （この世に）生まれて、そして死んでいく人は、いったいどこからやって来て、
(2) 死のうという思いだけで狂った。
(3) 自分の足が向いた方角へ行こう。
(4) 河内（の国）へ行ったようなふりをして（覗《のぞ》いて）見ていると、

4 (1) 物語が数多くございますと聞いているのを、ありったけ読ませてください。
(2) 女（＝翁の妻）は、塗籠の中で、かぐや姫を抱きしめて座っている。
(3) なにも知らないでお仕えしておりましたが、行成の朝臣がとりなしたのでございましょうか。
(4) なんとかいう人が蔵人でいらっしゃいました時に、

## 05 動詞 ④ 12・13ページ

1 (1)○ (2)× (3)○ (4)×

2 (1)うつ立つ・促音便・うち立ち
(2)進ん・撥音便・進み
(3)めい・イ音便・めき
(4)給う・ウ音便・給ひ

3 ①ヤ・下二段・未然 ②ラ・変格・未然
③ハ・四段・已然 ④ハ・下二段・連用
⑤サ・変格・未然 ⑥ナ・下二段・已然
⑦ラ・四段・已然 ⑧バ・上二段・連用
⑨マ・上一段・連用 ⑩ナ・変格・連用
⑪ラ・下二段・連体 ⑫ナ・上一段・連用

**ポイント**

◆**自動詞**・**他動詞**は、「〜が」・「〜を」を補って考えるとわかりやすい。
◆**音便**は、発音の便宜上、もとと違った音に変化することをいう。

**現代語訳**

**1** (1) 谷の奥深くでうぐいすの声が聞こえる。
(2) 壊れた屋敷を急いで直す。
(3) 牛車の列が、道にはてしなく続く。
(4) 美人は時として国を滅亡させる。

**2** 例 愛らしい幼児が……抱きついて寝ているのは、本当にかわいらしい。
(1) 橋の両方のたもとに立って、お互いに矢を射合う。
(2) ただ一人で、橋の上に進んでいった。
(3) 池のようにくぼんでいて、水がたまった所がある。
(4) 親王は、おやすみにならないで夜をお明かしになられた。

**3** 流れていく川の流れは絶えることなく、それでいて(流れていく水は)もとと同じ水ではない。(中略)
美しい都の中に、屋根を並べ、瓦のみごとさを競い合うように立ち並んでいる、身分の高い人、身分の低い人の住まいは、いつになってもなくなってしまわないものだけれど、本当にそうかと調べてみると、昔から変わらずずっとあった家はめったにない。あるものは去年焼けてしまって、今年新しく造っている。あるものは大きな家が滅んで小さな家になっている。(家だけではなく、そこに)住んでいる人もこれ(＝家の場合)と同じである。場所も変わらず、人もたくさんいるけれど、(その中で)昔から見知っている人は、二、三十人の中にわずかに一人か二人いるだけである。(人が)朝死んだかと思うと夕方には生まれる世のならいは、本当に水のあわの場合とよく似ていることだ。

## 06 形容詞・形容動詞 ①

14・15ページ

**1**

| | 基本形 | 語幹 | 未然形 | 連用形 | 終止形 | 連体形 | 已然形 | 命令形 | 活用の種類 |
|---|---|---|---|---|---|---|---|---|---|
| (1) | 清し | きよ | 〈く〉 から | く かり | し | き かる | けれ | かれ | ク (活用) |
| (2) | 恋し | こひ | 〈しく〉 しから | しく しかり | し | しき しかる | しけれ | しかれ | シク (活用) |

**2** ①ク・連用 ②ク・連用 ③シク・終止 ④シク・已然

**3**

| | 基本形 | 語幹 | 未然形 | 連用形 | 終止形 | 連体形 | 已然形 | 命令形 | 活用の種類 |
|---|---|---|---|---|---|---|---|---|---|
| (1) | 豊かなり | ゆたか | なら | なり に | なり | なる | なれ | なれ | ナリ (活用) |
| (2) | 峨々たり | がが | たら | たり と | たり | たる | たれ | たれ | タリ (活用) |

**4** (1) 異なら・未然 (2) 朦朧と・連用
(3) はるかに・連用 (4) 漫々たる・連体

**解説**

事物や事象の性質・状態、あるいは、それに対する心情・心理を表し、「し」で言い切るものを形容詞、「なり」「たり」で言い切るものを形容動詞という。形容詞・形容動詞はどちらも自立語で活用があり、動詞とともに単独で述語になる。

**現代語訳**

**1** (1) 夜が更けていくと、アカメガシワの木が生えている清らかな河原で千鳥がしきりに鳴いているよ。(山部赤人)
(2) うたた寝の夢の中で恋しいあの人の姿を見て以来、夢というものを心頼みにし始めました。(小野小町)

**2** 草の葉も水もたいそう青く見わたせる所で、表面はそれらしい（＝下に水がある）様子もなくて、草が生い茂っている所を、そのままどこまでもまっすぐに進んで行くと、（草の）下はなんともいえないような美しく澄んだ水がそれほど深くたまっているわけではないが、（お供の）人などが歩くと跳ね上がるのが、とてもおもしろい。（道の）左右の垣根にある、何かの木の枝などが、牛車の屋形に入って来たのを、急いで捕まえて折ろうとしているうちに、さっと車が通り過ぎて手からはずれてしまったのは、とても残念な気がする。

**3** (1) このようにして翁はだんだんと生活が豊かになっていく。

(2) 山岳が険しくそびえているところから、百尺の滝の水が勢いよく流れ落ちている。

**4** (1) ちょうど、朝顔の花の露と同じである。

(2) 雨がぼんやりと霞《かす》んでいて鳥海山の姿が隠れている。

(3) 南の方角は遠くまで野原が見通せる。

(4) 広々とした海上なので、どちらの方角が西かはわからないが、

---

## 07 形容詞・形容動詞 ② …… 16・17ページ

**1** (1)**エ**　(2)**ウ**　(3)**イ**　(4)**ア**

**2** (1)よい・イ　(2)うつくしう・ウ
(3)等しかん・撥

**3** (1)例 語幹だけで、感動を表す。
(2)例 語幹＋助詞「の」の形で、連体修飾語になる。
(3)例 語幹＋接尾語「さ」の形で、名詞になる。

**4** 〈形容詞〉心もとなき・苦しう・なき
〈形容動詞〉とみ〈形容動詞の語幹〉

**ポイント**

◆形容詞の音便は、**イ音便・ウ音便・撥音便**の三つがある。

◆**形容動詞語幹の用法**は、形容詞の場合とほぼ同様である。

**現代語訳**

**1** **ア** 若の浦に潮が満ちてくると干潟《ひがた》がなくなるので、葦の茂る岸辺に向かって鶴《つる》が鳴きながら渡っていく。（山部赤人）

**イ** 寂しさに耐えかねて宿庵《しゅくあん》から出てあちこち眺めて見ると、どこもかしこも同じような寂しい秋の夕暮れの景色であることよ。（良暹《りょうぜん》法師）

**ウ** 髪をとかすことを面倒がっていらっしゃるけれど、美しいおぐしですねえ。

**エ** 何とまあすばらしい、青葉や若葉を通して日の光が射してくることよ。

**2** (1) それならば、（自分にとって）よい相手だ。

(2) たいそうかわいらしく成長したことよ。

(3)人の気持ち(＝熱意)は、みな同じです。

**3** (1)ああ、珍しいことよ。たいへん、静かだなあ。

(2)なんと愚かなことだ。急なお言葉ですねえ。

(3)繊細さ。温和さ。

**4** 待ち遠しくてじれったく思うもの。人のところに急ぎの仕立物を縫いにやって、いまかいまかと苦しい気持ちで座り込んで、遠くをじっと見つめ続けている気持ち。子を産むはずの人が、お産の時期を過ぎるまで(産まれる)気配がないこと。

## 08 名詞 ………… 18・19ページ

**1** (1)形式名詞 (2)代名詞 (3)数詞 (4)固有名詞 (5)数詞 (6)普通名詞 (7)固有名詞 (8)普通名詞 (9)形式名詞 (10)代名詞

**2** 木・花・紅梅・桜・花びら・葉・色・枝・藤・しなひ

**3** (数詞)十三・九月三日 (形式名詞)ほど・所

**4** (1)(普通名詞)侍・童・身・宿所・門戸・おちうど・内・馬・別・子細・門・きは・人・対面

(2)(固有名詞)薩摩守・忠度・五条・俊成卿・三位殿

(3)(数詞)五騎・ひとり・七騎・三位

(4)(形式名詞)こと

(5)(代名詞)いづく・わ・そ・みづから・こ・そ

**ポイント**

◆活用しない自立語で、単独で主語になることができるものを**名詞**という。名詞は**事物の名称**を表し、何を表すかで種類を分類する。

**現代語訳**

**2** 木に咲く花では、濃い色のでも薄い色のでも紅梅(がすばらしい)。桜は、花びらが大きくて、葉の色の濃いのが、枝細く咲いている(のがよい)。藤の花は、垂れ下がった花房が長く、色濃く咲いているのが、とてもすばらしい。

**3** 「都へ早くお上らせくださって、物語がたくさんあると聞いておりますものを、全部お見せください」と我が身を捨てて一心に地に頭をつけてお祈り申すうちに、十三歳《さい》になる年、都へ上ろうとして、九月三日に門出をして、「いまたち」という所に移る。

**4** 薩摩守忠度は、どのあたりから引き返して来られたのだろうか、侍五騎と子ども一人、そして自分を含めて七騎で引き返して来て、五条の三位俊成卿のお屋敷にいらっしゃって御覧になると、門の戸を閉めて開かずにいる。(そこで、)「忠度です」とお名乗りになると、「(平家方の)落人《おちうど》が帰って来た」といって、屋敷の中が大騒ぎをしている。薩摩守は馬から降りて、ご自身で大声でおっしゃったことは、「特別のことではございません。三位殿に申し上げたいことがあって、忠度が帰って参ったのでございます。門をお開きにならなくても、この門の側までお立ち寄りくださいませ」とおっしゃると、俊成卿は「しかるべきわけがあるのだろう。その人ならば差しつかえあるまい。お入れ申し上げよ」と言って、門を開けて対面した。

## 09 連体詞・副詞 ……… 20・21ページ

**1** (1)いはゆる　(2)さしたる　(3)なんでふ　(4)さる
(5)かかる

**2** (1)接続詞(の一部)　(2)連体詞　(3)動詞

**3** (1)**イ**　(2)**イ**　(3)**ア**　(4)**ウ**　(5)**ア**

**4** やや春深く・花もやうやう景色だつ・をりしも雨風

**解説**

**1** **2** (1)(3)の「かく」、(5)の「いかが」は副詞である。
(1)「あるは…、あるは…」の形で、「ある場合には」「一方では」の意味の接続詞。

**3** (1)の「さ」、(4)の「かく」は副詞である。また、(1)の「見るものかは」の「かは」は反語になっている。

**4** 「ことのほかに」は、形容動詞「ことのほかなり」の連用形。「をりしも」は、名詞「をり」＋副助詞「しも」が副詞化したもの。

**現代語訳**

**1** (1) いわゆる田舎者になったのです。
(2) たいした用事もないのに、人のもとに行くのは、よくないことである。
(3) (翁が)かぐや姫に言うことには、「どのような気持ちがするから、このように悩んでいる様子で月を御覧になるのですか。こんなに結構な世の中ですのに。」と言う。
(4) ちょうどその時に、白い鳥で(あって、しかも)くちばしと脚とが赤い、鴫の大きさである鳥が、水の上を泳ぎながら魚を食べている。
(5) このような趣旨の返事を申し上げたところ、それをお聞きになって、どうしたらよいのだろうかと思い悩んでいらっしゃる。

**2** (1) 一方では春や夏には日照りがあり、一方では秋には大風・洪水があるなど、よくないことが次々に続いて、五穀(＝米・麦・黍《きび》・粟・豆などの穀物)はすべて実らない。
(2) ある人が弓を射ることを習うときに、二本の矢を手に持って的に向かう。
(3) (都には)物語がたくさんございますと聞いておりますが、あるものすべてをお見せくださいませ。

**3** (1) だいたい月や花を、ただそのように目だけで見るものだろうか。いや、そうではない。
(2) 平等院にお入れ申し上げて、しばらくお休みになった。
(3) 弓矢をからりと投げ捨てて、背負っていた箙(＝矢を入れている武具)も紐《ひも》を解いて捨ててしまった。
(4) どうしてこのようにお思いになっておられるのでしょうか。
(5) 今このときが過ぎたら、自然と差し障り(＝邪魔)も生じてまいることでしょう。

**4** 鳥の鳴く声なども格別に春らしくて、のどかな陽光の中で、垣根の草が芽を出すころから、だんだんと春が深まって霞《かすみ》が立ち込め、桜の花もしだいに咲き出すようになるころ、折から雨や風が続いて、気ぜわしく散っていってしまう。

## 10 接続詞・感動詞 …… 22・23ページ

**1** (1)エ (2)ア (3)オ (4)ウ (5)イ
**2** (1)副詞 (2)接続詞 (3)副詞 (4)接続詞 (5)副詞
**3** (1)いざ (2)あな (3)いかに (4)あはれ (5)いで・あな (6)えい

解説
**3** (3)「いかに」には、副詞と感動詞とがある。
(5)「あな」は、「あな…や」の形をとることが多い。

現代語訳
**1** (1) こうして翁はしだいに裕福になっていく。
(2) 流れていく川の流れは絶えることがなくて、しかも、もとのままの水ではない。
(3) 西の山の麓に一つのお堂がある。つまり、寂光院である。
(4) 霜のたいそう白い折に、またそうでなくても、ひどく寒い折に、
(5) (手紙を出したのに)いらっしゃらなかった、または、物忌み中で受け取らない、と言って(使いが手紙を)持って帰ったのは、とても気抜けして不快である。
**2** (1) 世の中にある人も住居も、またこのようである。
(2) 萩の花、ススキ、葛の花、ナデシコの花、オミナエシ、また藤袴、朝顔の花
(3) (川の)よどみに浮かぶ水のあわは、一方で消えると一方では生まれて、
(4) 袋をあけ(その中の詩歌を読んで)今夜の友とする。そのうえ(袋の中には)杉風や濁子の作った俳句もある。
(5) 桜の花は咲いているように見えている間にも、一方では散ってしまっていたのだなあ。
**3** (1) さあいらっしゃい、出雲神社を拝みに。ぼた餅をごちそうしましょう。
(2) ああ、すばらしいことですね。この獅子の立て方は、たいへん珍しい。
(3) なんとみなさん、(この)すばらしいことをご覧になってお気づきになりませんか。
(4) ああ、武士の身ほど情けないものはない。
(5) なんと、まあ子どもっぽいことですね。聞きわけがなくていらっしゃいますこと。
(6) ずいぶんとたったあとで「はい」と返事をしたので、僧たちは笑い続けた。

## 11 助動詞 ① …… 24・25ページ

**1** (1)ア (2)エ (3)イ (4)ア (5)ウ
**2** (1)イ (2)ア (3)イ (4)イ (5)ア
**3** (1)①られ ②させ ③せ (2)しめ (3)しむる

解説
**3** 活用形は、あとに続く言葉との接続関係に着目しよう。
(1) ①已然形＋接続助詞「ば」 ②連用形＋接続助詞「て」 ③連用形＋補助動詞「たまふ」
(2) 連用形＋補助動詞「たまふ」
(3) 連体形＋名詞「楽しみ」

**現代語訳**

**1**
(1) 物は少しわかるけれど、腰を動かすことができない。
(2) 悲しくてさびしくお思いなさるけれども、そぶりにもお出しになりません。
(3) 昔のことも繰り返し恋しく思い出さずにはいられない。
(4) 見知らぬ人の中で横になり、少しも眠ることができない。
(5) 物の怪《け》に襲われるようで、相手と戦おうとする気持ちもなかった。

**2**
(1) 主君も家来たちも、おおいにお騒ぎなさっていらっしゃる。
(2) 人に食べさせることもない。もっぱら一人だけで食べた。
(3) 大臣の里に、源氏の君はお出かけなさいます。
(4) すぐに山崎で出家なさってしまった。
(5) 肉体的に傷つけるよりも、精神的に苦しませるほうが、人を害することがいっそうひどい。

**3**
(1) 「少納言よ、香炉峰の雪はどうであろうか」とおっしゃるので、御格子を(ほかの女房に)上げさせて、御簾を巻き上げたところ、(定子中宮様は)お笑いになられた。
(2) 小さい子どもたちは差しつかえなかろうと、帝もお許しになられたので、一緒につれて(大宰府《だざいふ》へと)お下りなさったことですよ。
(3) 愚かな人の目を喜ばせる楽しみは、やはり苦々しい。

## 12 助動詞 ②

26・27ページ

**1**
(1) 久しくなりぬ・なりにけり・大きになりぬれば
(2) もの握りたり・降ろしてよ・翁し得たり・落ちたまへり

**2**
(1) 例 滅びてしまった
(2) 例 捨ててしまった
(3) 例 さし出した
(4) 例 倒れ伏してしまった
(5) 例 きっと長くなるにちがいない
(6) 例 かならず盗みでもしてしまいそうな

**3**
(1) て (2) つる (3) な (4) に (5) たる (6) る

**解説**

**2** (2) 「てんげり」は「てけり」が変化した形で、軍記物語や説話文学などによく用いられる。意味は「……てしまった」。

**3** あとに続く言葉との接続関係に着目する。
(1) 未然形＋推量の助動詞「む」 (2) 連体形＋名詞「方」
(3) 未然形＋接続助詞「ば」 (4) 連用形＋過去の助動詞「き」
(5) 連体形＋接続助詞「に」 (6) 連体形＋名詞「人」

**現代語訳**

**1**
(1) 竹取の翁は、(黄金《こがね》の入っている)竹を取ることが長い間続いた。それで富み栄える長者となった。この子がたいへん大きくなったので、名前を、三室戸斎部秋田という者を呼んでつけさせる。
(2) 「俺は何か握ったぞ。今すぐに降ろしてくれ。翁よ、でかしたぞ。」とおっしゃる。(家来たちが)集まって来て早く降ろそうとして綱を引っ張り過ぎて、綱が切れてしまうやいなや、(中納言は)八島の鼎の上に、あおむけにお落ちになられた。

**2**
(1) 権勢のあるものは結局は滅びてしまった。
(2) 長刀の柄の真ん中をへし折って捨ててしまった。
(3) 歌をよんで(男に)さし出した。
(4) 清水のある場所に倒れ伏してしまった。
(5) 年ごろになったならば、容貌もこの上なく美しくなり、髪もきっと長くなるにちがいない。
(6) 親のため、妻子のためには、恥ずかしさをも忘れて、確かに盗みでもしてしまいそうなことである。

**3**
(1) 竜がいたら、さっさと矢で射殺して、竜の首の玉をきっと取ってしまえるだろう。
(2) ほととぎすが鳴いている方角を眺めると、ただ有明の月だけが残っている。
(3) そのこと(＝用事)が終わったなら、早く帰るべきである。
(4) 一晩の内に(大火で)塵や灰になってしまった。
(5) 首もちぎれてしまうくらいに引っ張ったところ、耳や鼻が欠け落ちながら(鼎はやっと)抜けた。
(6) 自分自身をよく知っている人のことを、もの(の道理)を知っている人というのであろう。

---

## 13 助動詞 ③ 28・29ページ

**1**
(1) 住みしころ・ものなど言ひしに・のたまひしこそ・あさましかりしか
(2) 降りたりけるを・賜はせたりければ・奏したりけるを・めでさせ給ひけれ

**2** (1) ①し ②き (2) せ (3) しか

**3** (1) 例 親王がいらっしゃった (2) 例 紅葉だったなあ

**4** (1) ①ね ②ず (2) ざり (3) ぬ

**解説**

**2** あとに続く言葉との接続関係に着目する。
(1) ①連体形＋名詞「とき」 ②終止形(言い切り)
(2) 未然形＋接続助詞「ば」
(3) 已然形＋接続助詞「ど」

**4** あとに続く言葉との接続関係に着目する。
(1) ①已然形＋接続助詞「ど」 ②終止形(言い切り)
(2) 連用形＋推量の助動詞「けむ」
(3) 連体形＋名詞「鳥」

**現代語訳**

**1**
(1) 私(＝清少納言)が職の御曹司(＝役所の一つ)の西側の部屋に住んでいたころ、大殿(＝道長公)の(ご養子である)新中将成信《なりのぶ》殿が、宿直で話などをしていたときに、私の側にいる女房が、「この新中将殿に扇の絵のことを話しなさい」と(私に)ささやくので、「もうすぐ、あの方(＝同席している大蔵卿)がお帰りになるでしょうからね」と、本当にこっそりと言うのを、その女房さえ聞き取れないで、「何ですか、何ですか」と耳を近づけてくるのに、（大蔵卿は）遠くに座っていて、「憎らしい。そのようにおっしゃるのなら、今日はここから立ち去りますまい」とおっしゃったのには、どのようにして聞きつけなさるのであろうかとあきれてしまった。

(2) 先帝の村上天皇のときに、雪がたいそう高く降り積もったのを、入れ物にお盛らせになられて、（それに）梅の花をさして、月がとても明るいときに、「これについて歌を詠みなさい。（おまえなら）何と詠むだろうか」と（おっしゃって、）兵衛の蔵人にお与えになったところ、（兵衛は）「雪月花の時」と申し上げたのを、たいそうおほめになった。

**2**

(1) 京都から（土佐に）下ったときには、周りのものの誰にも子どもはいなかった。

(2) この世の中にまったく桜というものがなかったならば、春の人の心はのんびりしたものだろうなあ（＝桜の花があるから、それが散るのを心配してこんなに春は、心あわただしく感じるのだ）（在《あり》原業平《わらのなりひら》）

(3) 都を春の霞とともに旅立ったけれど、もう秋風が吹いているよ、この白河の関には。（能因法師）

**3**

(1) 昔、惟喬親王と申し上げる親王がいらっしゃいました。

(2) 山あいを流れる川に風がかけたしがらみ（＝流れをせき止める杭《くい》）は、なかなか流れることができないでいる紅葉だったなあ。

**4**

(1) わざわざ取り上げて書くことではないけれど、あれこれと言い合っている様子などは、憎くはない。

(2) このような目にあうとは思わなかったでしょう。

(3) 都では見かけない鳥なので、そこにいる人たちは誰も知らない。

---

## 14 助動詞④ …… 30・31ページ

**1** (1)**イ** (2)**ア** (3)**ア** (4)**ウ** (5)**イ**

**2** (1)已然 (2)連体 (3)終止 (4)已然 (5)連体

**3** (1)例 すぐに帰ってくるでしょう
(2)例 もうそろそろ退出いたしましょう、子ども達が泣いていることでしょう
(3)例 桜の花が散っていくのだろうか
(4)例 あなたが濡れてしまったという
(5)例 どうして思ったのだろうか

**ポイント**

◆係助詞に注意して活用形を判別する。「こそ」は已然形、「や」は連体形で結ぶ。

**解説**

**1** (4)の「め」は、係助詞「こそ」の結びで已然形。ここでは「適当・勧誘」の意味。

**2** (1) 係助詞「こそ」の結び。 (2) 係助詞「や」の結び。
(4) 係助詞「こそ」の結び。 (5) 係助詞「や」の結び。

**3** (1)「まつ」は、「松」と「待つ」との掛詞になっている。
(5)「水無瀬川」は体言止めで、余情を表現している。

**現代語訳**

**1** (1) 先生の前で一本の矢をおろそかにしようと思うだろうか。いや、誰もそのようなことは思いはしないだろう。

(2) 少納言よ、香炉峰の雪はどのようだろうか。

(3) あのもと（＝月）の国から、（私を）迎えに人々がやって来るでしょう。

(4) どうしてお急ぎになるのですか。桜の花を見てからお帰りになるのがよろしいでしょう。

(5) 私は、これこれのことがあったので、ここに（寺を）建てようと思っている。

**2**

(1) 男はこの女と結婚したいと思う。

(2) どこから帰られたのだろうか。

(3) とにかく紙燭《ししょく》（＝明かり）をともして持って来い。この貝の顔を見てみたい。

(4) 唐土の人は、これをすばらしいと思ったからこそ、記録に留めて後の世に伝えたのだろう。

(5) 夜中にあなたがたった一人で（山を）越えて行くのだろうか。

**3**

(1) （私はあなたと）お別れして因幡の国に行きますが、その因幡の国に生えている松のように、あなたが（私を）待っていると聞いたなら、すぐに帰ってくるでしょう。

(2) 憶良めはもうそろそろ退出いたしましょう、子どもたちが泣いているでしょう、子どもたちの母（＝私の妻）も私の帰りを待っていることでしょう。

(3) 陽光がのどかに射している春の日に、どうしてこんなにあわただしく桜の花が散っていくのだろうか。

(4) 私を待ってあなたが濡れてしまったという、その山の雫になることができたらよいのに。

(5) 見渡すと山の麓あたりが霞んでいる水無瀬川の（春の夕暮れの景色の）何と美しいことよ。夕暮れのよさは秋に限るといままでどうして思ってきたのだろうか。

---

## 15 助動詞 ⑤

32・33ページ

**1** (1) **オ**　(2) **ア**　(3) **ウ**　(4) **エ**　(5) **イ**

**2** (1) らし　(2) めれ　(3) らし　(4) めり　(5) める

**3** (1) 例 今はたった一人で眺めている。
(2) 例 世の中から桜の花がなくなることはない。
(3) 例 すぐには家の中に入ろうとはしない。

**解説**

**1** 「べし」の意味は文脈から判断することが基本となるが、主語が誰であるかに着目するのも見分けるポイントの一つ。一人称であれば「意志」、二人称であれば「当然」「適当」「命令」、三人称であれば「推量」。ただし絶対ではないので、文脈を踏まえて考えること。

(2) 「ぬべし」の「ぬ」は強意の助動詞。

**2**

(2) 「あめれ」は「あるめれ」の略。「めれ」は係助詞「こそ」の結びで已然形。

(5) 係助詞「ぞ」の結びとなるため、連体形。

**現代語訳**

**1**

(1) 羽がないので、空を飛ぶことができない。

(2) 黒い雲が突然出てきた。きっと風が吹くことだろう。

(3) 家の作り方は、夏（の暑さ）を第一に考えるのがよい。

(4) 頼朝の首をはねて、私の墓前に吊《つ》り下げよ。

(5) 矢を射るたび、ひたすら当たる当たらないを考えずに、この一矢で決めようと思えと言う。

**2**

(1) 春が過ぎて夏が来たらしい。真っ白い着物が干してある、あの天の香具山に。

(2) さらに一段と心がうきうきしてくるものは、春の情景であるように思われる。

(3) 夕方になると小倉の山でいつも鳴いている鹿は、今夜は鳴かない。寝てしまったらしいよ。

(4) 職の御曹司にいらっしゃったときだったようです。

(5) 特に教養のない人は、「この枝も、あの枝も（桜の花がみんな）散ってしまった。もはや見る値打ちはない」と言うようだ。

**3**
(1) もし夫と二人で見るならば、どれほどかこの降っている雪がうれしく感じられるであろうに

(2) この世の中にまったく桜の花がなかったとしたら、春を過ごす人の心はのんびりと落ち着いていられるだろうに

(3) 妻戸をさらにすこし開けて、月を見ている様子である。（客を見送ったあとで、）そのまますぐに掛け金をかけて引っ込んでしまったならば残念だっただろうに。

---

## 16 助動詞 ⑥ 　34・35ページ

**1**
(1) 例 うらやましくないものはあるまい
(2) 例 負けまいと思って打つべきである
(3) 例 秋の景色にはほとんど劣らないだろう
(4) 例 敵の手にはかからないつもりです
(5) 例 外にお出になることはできますまい

**2**
(1) まほしき・例 指導者があってほしいものだ
(2) まほしけれ・例 いつまでもあきることなく対座していたい気がする
(3) たけれ・例 死にたい

**3** 例 色美しくにおうように、今まさに繁栄していることだ

**4**
(1) 例 昨日と同じように波も見えない
(2) 例 白い玉を貫いたように見えるのは

**解説**

**2** 前後との接続関係に着目する。
(1) 連体形＋名詞「こと」　(2) 已然形（係助詞「こそ」の結び。）
(3) 已然形（係助詞「こそ」の結び。）

**3** 「あをによし」は奈良にかかる枕詞。

**4** (1) 「ごとくに」は、比況の助動詞「ごとし」の連用形「ごとく」に断定の助動詞「なり」がついて一語化し、活用したもの。

**現代語訳**

**1**
(1) 法師くらいうらやましくないものはあるまい。
(2) （双六《すごろく》は）勝とうと思って打ってはならない。負けまいと思って打つべきである。

(3) さて、冬枯れの景色は、秋の景色にほとんど劣らないだろう。
(4) 私の身は女であっても、敵の手にはかからないつもりです。
(5) かぐや姫は重い病気にかかっていらっしゃるので、よう外にお出になることはできますまい。

**2** (1) ちょっとしたことでも指導者があってほしいものだ。
(2) かわいらしさがあって、口数の少ない人は、いつまでもあきることなく対座していたい気がする。
(3) (自分にふさわしい)敵と戦って死にたい。こんな難所(=道の険しい所)に落ちて死にたくはない。

**3** 奈良の都は、咲く花が色美しくにおうように、今まさに繁栄していることだ。

**4** (1) 海の上には、昨日と同じように波も見えない。
(2) (蜘蛛《くも》の糸に)雨粒がかかっているのが、白い玉を貫いたように見えるのは、たいそう風情があっておもしろい。

## 17 助動詞 ⑦ ……… 36・37ページ

**1** (1)**イ** (2)**ア** (3)**エ** (4)**ウ** (5)**ア**

**2** (1)①例 二歳か三歳ぐらいである幼児
②例 大人などに見せている
(2)①例 壺にあるお薬
②例 お食べになったので
(3)例 男もするという日記
(4)例 ぱちぱちと打つらしい

**3** (1)なれ (2)に (3)たる (4)と

**解説**

**2** 「なり」「たり」の活用形と意味に注意して、現代語訳してみよう。
(1) ①連体形(断定) ②連体形(存在)
(2) ①連体形(存続) ②已然形(完了)
(3) 連体形(伝聞) (4) 連体形(推定)

**3** (2) 「あなれ」は、「あるなれ」の撥音便「あんなれ」の略。

**現代語訳**

**1** (1) また(うわさに)聞くと、侍従の大納言の姫君がお亡くなりになったということだ。
(2) 都では見かけない鳥なので、そこにいる人たちは誰も知らない。
(3) おまえが巻いて持たせている旗を上げさせなさい。
(4) 男たちを二十人ほど派遣して、足場の上に登らせておかれた。
(5) 清盛は、嫡子(=跡取り・長男)であることによって、その(父の)跡を継ぐ。

**2** (1) 二歳か三歳ぐらいである幼児が、急いで這《は》って来る途中で、とても小さな塵《ちり》などがあったのをすばやく見つけて、たいそうかわいらしい指でつまんで、大人などに見せているのは、たいへんかわいらしい。
(2) 壺の中にあるお薬を召し上がりなさい。汚い所(=下界)の物をお召し上がりになったので、きっとお心持ちがすぐれないことでしょうよ。
(3) 男もするという日記というものを、女(である私)もしてみようと思って書いてみたのだ。
(4) 手を激しく、ぱちぱちと打つらしい。

**3** (1) この(下界の)国に生まれたのであれば、(翁や媼《おうな》を)お嘆きさせ申し上げない。

(2) (こちらが気がひけるほど)立派な人が、住んでいるとかいう所であるようだ。

(3) 敦盛が笛の名手であるということで(父の経盛《つねもり》から譲られて)持っておられたということだ。

(4) 重盛の子どもでございますものが、殿のお出かけにお仕え申し上げて、

## 18 助詞① …… 38・39ページ

**1** (1)**エ** (2)**ア** (3)**オ** (4)**イ** (5)**ウ**

**2** ①**イ** ②**イ** ③**カ** ④**イ** ⑤**ア** ⑥**エ**

**3** (1)のみ (2)まで (3)ばかり (4)など (5)だに

**解説**

**2** (2) 「見えわたりたるに」の「に」は、逆接の接続助詞。「たたざまに」は形容動詞の連用形で、「に」は活用語尾。

**現代語訳**

**1** (1) 白い鳥であって、しかもくちばしと脚とが赤く、鴫の大きさであるものが、水の上を泳ぎながら魚を食べている。

(2) 月が出ているような夜は、こちら(=私がいる月の世界)を見てください。

(3) いつものように狩においでになられる家来として、「馬の頭」とかいう老人がお供申し上げました。

(4) 天人の中のある者に持たせてあった箱がある。

(5) この国(=日本)の学者たちが書いたものでも、昔書かれたものは趣深いことが多い。

**2** (1) 三か月ぐらいになる間に、(背丈が)人並み程度の人に成長したので、(大人の髪形にするため)髪上げの儀式などをあれこれと世話をして、髪を結い上げさせ、裳を着せる。

(2) 五月のころなどに山里に(牛車で)出歩くのは、とてもおもしろい。草葉も水もたいそう青く一面見わたせる所で、表面は下に水があるような様子は見せないで草が生い茂っている所を、ずっとまっすぐに進んでいくと、下には何ともいえない美しく澄んだ水が、深くはないけれど、(供の)者たちが歩くために跳ね上がっているのは、とてもおもしろい。

**3** (1) 桜の花は満開であるのを、月は曇りなく照り渡っているのだけを観賞するものだろうか。いや、そんなことはあるまい。

(2) 夜が明けてから日が暮れるまで、東の山の稜線《りょうせん》をぼんやりと眺めて日を過ごす。

(3) 背丈が三寸ぐらいである人が、かわいらしい様子で座っていた。

(4) 風の音や虫の鳴き声などは、また言いようもないほどにおもしろい。

(5) 河原などには(飢饉《ききん》で死んだ人の死骸《しがい》がいっぱいで)、馬や車が行き交う道さえない。

# 19 助詞②

40・41ページ

**1**
(1)例 とても幼かったので
(2)例 もし人を殺すならば
(3)例 籠っていたところ
(4)例 瓜を食べる時はいつも

**2**
(1)**イ**・例 当てにはしていないけれども
(2)**イ**・例 見えないけれども
(3)**イ**・例 思うけれども
(4)**ア**・例 たとえ飛び降りようとしても
(5)**イ**・例 お互いに恥ずかしがっていたけれども

**3**
(1)**ア** (2)**ア**

**ポイント**
◆同じ語の接続助詞と格助詞の識別は、**接続に注目**する。

**解説**
**3** (1)の**イ**「にて」、(2)の**イ**「して」は、それぞれ格助詞。

**現代語訳**

**1**
(1) とても幼かったので籠《かご》に入れて育てる。
(2) 悪人の真似だといってもし人を殺すならば、(その人はやはり)悪人である。
(3) 石山寺に籠っていたところ、一晩中雨がひどく降る。
(4) 瓜を食べる時はいつも子どものことが思い出される。栗を食べているとなおいっそう子どものことが思い出される。

**2**
(1) あなたが「行くよ」と言った夜がむなしく過ぎてしまうので、(あなたが来るのを)もう当てにはしていないけれども、やはりあなたを思いこがれながら暮らしている。
(2) 秋が来たとは、目にははっきりと見えないけれども、風の音に(秋が来たんだなあと)自然と気づいたことだ。
(3) (あなたの言葉はどうせ)嘘《うそ》だと思うけれども、いまさらどなたの真心を私は頼りにしたらよいのでしょうか。
(4) この程度(の高さ)になったならば、たとえ飛び降りようとしても降りられよう。
(5) 男も女もお互いに恥ずかしがっていたけれども、男はこの女をぜひ妻にしたいと思っている。

**3**
(1) **ア** 木の下に(馬から)降りて座って、乾飯(＝干したご飯)を食べた。
**イ** 竹の中にいらっしゃったので(私の籠《こ》、つまり、子になられることが)わかった。
(2) **ア** 流れていく川の流れは絶えることがなくて、しかも、もとのままの水ではない。
**イ** そこにあった岩に指の血でもって書きつけた(歌)。

## 20 助詞③ 42・43ページ

**1**
(1) 例 聞き入れないのであった
(2) 例 竹を取っては
(3) 例 乳を吸いながら
(4) 例 食べながら
(5) 例 身分は低いけれど

**2**
(1) **エ**　(2) **ア**　(3) **ウ**　(4) **エ**　(5) **オ**　(6) **イ**　(7) **オ**
(8) **オ**　(9) **カ**

**現代語訳**

**1**
(1) 親がほかの男と結婚させようとするけれど、(女は)聞き入れないのであった。
(2) 野山に入って竹を取っては、いろんな(竹の製品を作る)ことに使った。
(3) (母親が死んだのを知らないので)あどけない子どもが、まだ乳を吸いながら横たわっているようなこともあった。
(4) ものを食べながら(同時に)書物も読んでいた。
(5) 身分は低いけれど、母親は宮様(＝皇族)であった。

**2**
(1) 門の中に入ると、月が明るかったので、とてもよく(庭の)様子が見える。
(2) 雀《すずめ》の子を犬君が逃がしてしまった。
(3) 国境を越えて下総の国のいかたというところに宿泊した。
(4) 涙がこぼれて、目も見えないし、口もきけない。
(5) 昔からたくさんの白拍子(＝舞姫)がいたが、このような(すばらしい)踊りはいままで見たことがない。
(6) 東国の方に住むことができる国を求めるために旅立った。
(7) (いよいよ懐かしい)都へ帰れるのだと思うけれども、何かしら悲しいのは、一緒に帰らない人(＝わが子)がいるからだなあ。
(8) 十月の末であるのに、紅葉が散らないでいまが盛りだ。
(9) 私の弓を引く力は強いので、竜が出てきたら、すぐに射殺して首の玉を必ず取ってやろう。

## 21 助詞④ 44・45ページ

**1**
(1) ず　(2) めでたき　(3) 侍る
(4) し　(5) 近き　(6) あはれなれ

**2**
(1) 例 知っているだろうか。いや、知りはしない
(2) 例 どれが歌を詠まないであろうか。いや、詠まないものはない
(3) 例 それほど知ったかぶりをしてものを言うであろうか。いや、言いはしない
(4) 例 きまりが悪くないであろうか。いや、きまりが悪いはずである

**3**
(1) 例 「あれ」「あらめ」などの語が省略されている。
(2) 例 「なる」などの語が省略されている。
(3) 例 接続助詞「とも」との接続関係から、結びが消滅した。
(4) 例 接続助詞「て」との接続関係から、結びが消滅した。

**ポイント**
◆**係り結び**を確認しておこう。結びの省略、消滅にも注意する。

**現代語訳**

**1**
(1) 雪の降っている(朝の景色)は、言いようもなくよい。
(2) 楽器の音も、夜のほうが一段とすばらしい。
(3) 駿河の国にある(という)山が、この都に近くて、天にも近うございます。
(4) この鏡には、手紙が添えてあった。
(5) どの山が天に近いだろうか。
(6) 季節が移り変わるのは、何事につけても趣深いものである。

**2**
(1) なまけ心があることを知っているだろうか。いや、知りはしない。
(2) この世に生きているもので、どれが歌を詠まないであろうか。いや、詠まないものはない。
(3) (身分が高く教養のある)立派な人は、知っていることだからといって、それほど知ったかぶりをしてものを言うであろうか。いや、言いはしない。
(4) 分け隔てなく親しく付き合ってきた人でも、しばらくぶりに会うのはきまりが悪くないであろうか。いや、きまりが悪いはずである。

**3**
(1) 一人歩きをするものは、注意すべきことである。
(2) これが都鳥だ。
(3) たとえ耳や鼻が欠けてとれてしまったとしても、命だけは、どうして助からないことがあろうか。いや、必ず助かるだろう。
(4) 人々は誰も別れがつらく思われて、ひっきりなしにあれやこれやして、大騒ぎをしているうちに夜は更けてしまいました。

# 22 助詞⑤ 46・47ページ

**1**
(1) 例 尋ねて行きたい
(2) 例 しくじるな
(3) 例 おっしゃいますな
(4) 例 早く参上してほしいなあ
(5) 例 情趣を解するような友があればよいなあ
(6) 例 かぐや姫を手に入れたいものだ
(7) 例 お討ち申し上げてしまったことよ
(8) 例 あまり美しくないことよ

**2**
(1) **ア** (2) **イ** (3) **ア** (4) **ウ** (5) **イ**

**現代語訳**

**1**
(1) ほととぎすの声を尋ねて(聞きに)行きたい。
(2) しくじるな。用心して降りろよ。
(3) 情のないことをおっしゃいますな。
(4) 惟光が、早く参上してほしいなあ。
(5) 情趣を解するような友があればよいなあと、都のことが恋しく思われる。
(6) どうにかしてこのかぐや姫を手に入れたいものだ、妻にしたいものだ。
(7) 無情にも、(敦盛殿を)お討ち申し上げてしまったことよ。
(8) 私は今はまだあまり(器量がよくなく)美しくないことよ。

**2**
(1) (僧侶というものは)人には木の葉のように(=とるにたらないもののように)思われるものですよ。
(2) 朝臣(=夕霧)よ、せめてそういう落ち葉だけでも拾え。

(3) ああ、(静然上人《じょうねんしょうにん》のお姿は)何と貴いご様子であることよ。
(4) 何とかして、やはり少しでも間違いを見つけてねえ、そこで終わりにしよう。
(5) 少納言よ、香炉峰の雪はどのようであろうか。

## 23 敬語① ……… 48・49ページ

**1** (1) **ウ** (2) **イ** (3) **ア** (4) **ウ** (5) **ア** (6) **イ**

**2** (1) ①尊敬の補助動詞 ②尊敬の動詞
(2) ①丁寧の補助動詞 ②謙譲の動詞
(3) ①謙譲の動詞 ②丁寧の補助動詞

**3** ①仰せ(サ行下二段動詞「仰す」の未然形)らるれ(尊敬の助動詞「らる」の已然形)
②せ(尊敬の助動詞「す」の連用形)たまふ(ハ行四段動詞「たまふ」の終止形)

**ポイント**
◆「おはす」「たまふ」「はべり」など、古文によく出る敬語の意味を**尊敬**か**謙譲**か区別して把握しておこう。

**解説**
**3** ①「仰せらるれ」、②「せたまふ」は、いずれも二重尊敬になっている。

**現代語訳**
**1** (1) どのような所に、この木はございましたのでしょうか。
(2) かぐや姫をお育て申し上げて二十年あまりになります。
(3) これを聞いて、かぐや姫は少し気の毒にお思いになられた。
(4) この石(＝仏の御石)はどのような山にございましたのでしょうか。
(5) かぐや姫は、たいそうひどくお泣きなさる。
(6) (かぐや姫は)薬が入った壺に、手紙を添えて(帝に)さしあげる。

**2** (1) ①なんとまあ、子どもっぽいこと。聞きわけがなくていらっしゃいますねえ。
②早く帰ろうと思うのに、(親王は)お酒をくださり、ほうびをくださろうということでお帰しにならなかった。
(2) ①これほどの者が、どうしてあなたにお仕え申し上げているのでございましょうか。
②どの帝の御代であったか、女御や更衣がたくさん(帝に)お仕えなさった中に、
(3) ①日頃お仕え申し上げていらっしゃるそうだ。
②あの白く咲いている花を夕顔と申すのでございます。

**3** 雪がとても高く降り積もったので、(いつもなら雪を見るために格子戸を上げるのだが、今日は)いつもとは違って格子戸を降ろし申し上げて、いろりに火をおこして、(女房たちが)いろいろと話をしながら、(定子中宮のお側に)集まり申し上げておりますときに、「少納言よ、香炉峰の雪はどうであろうか」と(中宮様が)おっしゃいますので、私は(女房の一人に)格子戸を上げさせて、御簾を高く巻き上げましたところ、(中宮様は満足そうに)お笑いになられる。

# 24 敬語②

50・51ページ

**1**

(1) Aおとど　B幼くおはしける男君・女君たち
C帝　Dおとど　Eおとど

(2) ①例 それぞれの身分相応に官位などをお持ちになっておられましたが
②例 天皇もお許しになられましたので
③例 一緒に連れてお下りなさったのですよ
④例 亭子の帝に歌をお詠み申し上げなさいました
⑤例 そのまま山崎で出家なさったのでした

(3) 例 三句目を「梅の花」と体言止めにすることで、「梅の花」に呼びかける表現になっている。

## 解説

**1** (1) 語り手である大宅世継が、道真公やその子どもたち、あるいは、帝に対して敬意を表している。それぞれの行為の主体が誰であるかを、まず明確にしておく。

(2) ①「おはす」、②「しめたまふ」、③「たまふ」、④「聞こえさせたまふ」、⑤「しめたまふ」などの敬語の訳し方に注意する。「しめたまふ」「させたまふ」は、尊敬の助動詞＋尊敬の補助動詞であり、二重尊敬となる。

(3) 「体言止め」には、余情表現（…ダナア・…デアルコトヨ）と、呼びかけ（…ヨ）の表現とがある。

## 現代語訳

**1** この大臣の子どもはたくさんいらっしゃいましたが、女君たちはすでに結婚されており、男君たちは皆それぞれの身分相応に官位などをお持ちになっておられましたが、それも皆あちこちにお流されなさってしまい悲しいことでしたが、幼くていらっしゃいました男君や女君たちが、(父君を)慕って泣いていらっしゃいましたので、小さい子どもたちは、差しつかえあるまいと、（醍醐《だいご》）天皇もお許しになられましたので、一緒に連れて（大宰府へと）お下りなさったのですよ。天皇の御命令は極めて厳しくていらっしゃったので、この（流された）お子様たちを同じ所にさえおやりにはなりませんでした。（道真公は）あれやこれやと、とても悲しくお思いなさって、御前に咲いている梅の花を御覧になって、

（春になって）東の風が吹いたならば、香りを大宰府まで送ってきてくれ、（京のわが家に咲く）梅の花よ。主人の私がいないからといって、春を忘れるな。

また、亭子の帝（＝宇多《うだ》天皇）に（次の歌を）お詠み申し上げなさいました。

流罪となった私は、水の中のごみと同じようになってしまいました。どうかわが君よ、木の葉やごみをせき止める柵《さく》となって、この私を引き止めてください。

無罪の罪でもって、このように罪をお受けになられることを（道真公は）つらくお思いになってお嘆きなさって、そのまま山崎で出家なさったのでした。

# 25 まぎらわしい語の識別 ① ……52・53ページ

**1**
(1) 例 強意の係助詞「なむ」
(2) 例 願望の終助詞「なむ」
(3) 例 ナ変動詞「死ぬ」の未然形活用語尾＋意志の助動詞「む」の終止形
(4) 例 強意の助動詞「ぬ」の未然形＋適当の助動詞「む」の終止形

**2**
(1) 例 ラ行四段動詞「なる」の連用形
(2) 例 形容動詞「まれなり」の終止形活用語尾
(3) 例 断定の助動詞「なり」の終止形
(4) 例 推定の助動詞「なり」の終止形

**3**
(1) 例 形容動詞「ほのかなり」の連用形活用語尾
(2) 例 完了の助動詞「ぬ」の連用形
(3) 例 断定の助動詞「なり」の連用形
(4) 例 時間を表す格助詞「に」
(5) 例 逆接の確定条件を表す接続助詞「に」
(6) 例 副詞「すでに」の一部

**4**
(1) 例 完了の助動詞「ぬ」の終止形
(2) 例 打消の助動詞「ず」の連体形
(3) 例 ナ変動詞「死ぬ」の終止形活用語尾
(4) 例 ナ行下二段動詞「寝ぬ」の終止形活用語尾

現代語訳

**1**
(1) 名前をさかきの造といった。
(2) 早くその日になってほしい。
(3) 死ぬのであれば同じ所で死にたいものだ。
(4) 子どもというものは、いないままでいるのがよい。

**2**
(1) 世の中の異変(＝天変地異)に出会うことが、少しずつたび重なるようになった。
(2) 昔から、立派な人であって、しかも金持ちである人はめったにいない。
(3) 富士川というのは、富士山から流れ落ちている川である。
(4) 夜が明けてしまったようです。もう帰りましょう。

**3**
(1) かすかに光って飛んでいくのもおもしろい。
(2) 一晩の内に塵や灰になってしまった。
(3) (その男は妻が)ほかの男に心を寄せることがあって、このよう(＝快く自分を送り出す)なのであろうか。
(4) 桂川は、月が明るく照らしているときにこそ渡る。
(5) 十月の末なのに、まだ紅葉が散らないでいまが盛りである。
(6) その子が死んでから、すでに二年である。

**4**
(1) 翁は、(黄金のつまった)竹を取ることが長く続いた。
(2) 都では見かけない鳥なので、そこにいる人たちは誰も知らない。
(3) その相手に対する愛情が深いものほど、必ず先に死ぬ。
(4) ここは、怪しげな気配がある所のようだ。けっして寝るな。

## 26 まぎらわしい語の識別 ② ……… 54・55ページ

**1**
(1) 例 ラ行四段動詞「まかる」の未然形活用語尾＋意志の助動詞「む」の終止形
(2) 例 形容詞「惜し」の未然形活用語尾の一部＋推量の助動詞「む」の連体形
(3) 例 現在の原因推量の助動詞「らむ」の連体形
(4) 例 完了の助動詞「り」の未然形＋婉曲の助動詞「む」の連体形

**2**
(1) 例 可能の助動詞「る」の終止形
(2) 例 完了(存続)の助動詞「り」の連体形

**3**
(1) 例 尊敬の助動詞「る」の連用形
(2) 例 完了の助動詞「り」の已然形

**4**
(1) **オ** (2) **カ** (3) **イ** (4) **ウ** (5) **エ**

**解説**

**1**
(2) 「何せむにか」の係助詞「か」は、ここでは反語の意を表し、「…か。いや、…ではない。」と訳す。
(3) 「などや」の係助詞「や」は、ここでは疑問の意を表す。
(4) 「生け」は、カ行四段活用の動詞「生く」の已然形(命令形)。

**4**
(1) 「をかしけれ」で一語。
(2) 取り除いても文意は変わらない。強意を表す。
(3) 接続助詞「ど」「ども」は、已然形に接続する。
(4) 「か」は、感動の意を表す。

**現代語訳**

**1**
(1) 手紙を書き置いておいとましましょう。
(2) どうして命が惜しいであろうか。いや、命など惜しくはない。
(3) どうして苦しい目にあうのであろうか。
(4) この世に生きている間は、武勇を誇ってはならない。

**2**
(1) 冬はどんな所にでも住むことができる。
(2) 野原の中の丘のように高くなった所に、わずかに木が三本立っている。

**3**
(1) 大将は別れのあいさつを申し上げて、福原へお帰りになられた。
(2) たいそう思いがけない人が歌を詠んだので、人々は不思議に思う。

**4**
(1) 野分が吹いた翌朝は、しみじみとした風情があっておもしろい。
(2) (都という)名前を持っているのなら、さあたずねてみよう都鳥よ、私の愛する人は、(都で)無事に過ごしているかどうかと。
(3) 都を春の霞が立つころに旅立ったけれど、いまはもう秋風が吹いているよ、この白河の関では。
(4) 自分の心の中に思うことも、こういうことがいつだったかあったなあと思われて、
(5) このようなことをしでかして、しかられるなんて本当に気に入りませんね。